Chinelo Igwenagu

Fundamentos da metodologia de investigação e da recolha de dados

Chinelo Igwenagu

Fundamentos da metodologia de investigação e da recolha de dados

ScienciaScripts

Imprint

Cover image: www.ingimage.com

This book is a translation from the original published under ISBN 978-3-659-86884-9.

Publisher:
Sciencia Scripts
is a trademark of
Dodo Books Indian Ocean Ltd. and OmniScriptum S.R.L publishing group

120 High Road, East Finchley, London, N2 9ED, United Kingdom
Str. Armeneasca 28/1, office 1, Chisinau MD-2012, Republic of Moldova, Europe
Managing Directors: Ieva Konstantinova, Victoria Ursu
info@omniscriptum.com

Printed at: see last page
ISBN: 978-620-8-51473-0

PREÂMBULO

Fundamentos da metodologia de investigação e da recolha de dados é um excelente livro que contém uma coleção de conceitos básicos e terminologias em métodos de investigação. Está repleto de boas ideias e dicas sobre como escrever artigos muito bons que são adequados para publicação em revistas de renome. A autora tentou identificar os problemas com que se deparam os jovens investigadores e apresentou soluções para esses problemas. Deu dicas pormenorizadas sobre como avaliar e determinar um bom artigo destinado a ser publicado em revistas de qualidade. Isto irá, sem dúvida, dotar os jovens investigadores de conhecimentos técnicos que permitirão um crescimento mais rápido no meio académico. A referenciação, que é uma parte vital de qualquer trabalho de investigação, foi totalmente abordada com vários estilos cuidadosa e meticulosamente discutidos. Os conceitos básicos de inferência, que são vitais para a maioria dos trabalhos de investigação, foram também abordados para os não especialistas. A descrição pormenorizada das técnicas de amostragem e da determinação da dimensão da amostra foi bem escrita e demonstrada de forma excelente. Os rudimentos sobre a recolha de dados, incluindo vários métodos com os seus méritos e deméritos, foram totalmente abordados neste livro. Este livro não é apenas recomendado para quem se dedica à redação de relatórios, projectos, dissertações, teses e artigos para publicação em revistas académicas. É também recomendado para funcionários e estudantes de todas as instituições terciárias, especialmente para aqueles que querem aprender a dar o seu melhor na investigação.

Professor Fidelis Ifeanyi Ugwuowo, FRSS, MNSA.
Reitor Associado, Faculdade de Ciências Físicas Universidade da Nigéria, Nsukka.

ÍNDICE DE CONTEÚDOS

CAPÍTULO UM

METODOLOGIA DE INVESTIGAÇÃO

1.1 A metodologia é a análise sistemática e teórica dos métodos aplicados a um domínio de estudo. Compreende a análise teórica do conjunto de métodos e princípios associados a um ramo do conhecimento. Tipicamente, engloba conceitos como paradigma, modelo teórico, fases e técnicas quantitativas ou qualitativas. (Irny e Rose, 2005) Uma metodologia não tem por objetivo fornecer soluções - não é, portanto, a mesma coisa que um método. Em vez disso, oferece a base teórica para compreender qual o método, conjunto de métodos ou melhores práticas que podem ser aplicados a um caso específico, por exemplo, para calcular um resultado específico.

1.2 A investigação: O processo de investigação surgiu devido ao facto de o homem procurar estar em sintonia com o seu ambiente e também compreender a natureza. Para o conseguir, o homem utiliza os instrumentos de experiência e de raciocínio de que dispõe. O homem também recorre à experiência e a fontes autorizadas fora do seu círculo imediato. A experiência e a autoridade são fontes ricas e importantes de hipóteses, que se baseiam principalmente no conhecimento do senso comum e em acontecimentos fortuitos, pelo que podem ser injustificadas para tirar conclusões sobre os acontecimentos. Por conseguinte, a formulação de hipóteses de investigação com recurso à experiência e à autoridade é considerada não científica. A investigação baseia-se no raciocínio científico, que pode ser indutivo e dedutivo ou ambos. A investigação é uma combinação de experiência e raciocínio e pode dizer-se que é a forma mais adequada de descobrir a verdade, precisamente nas ciências naturais.

Research flow chart

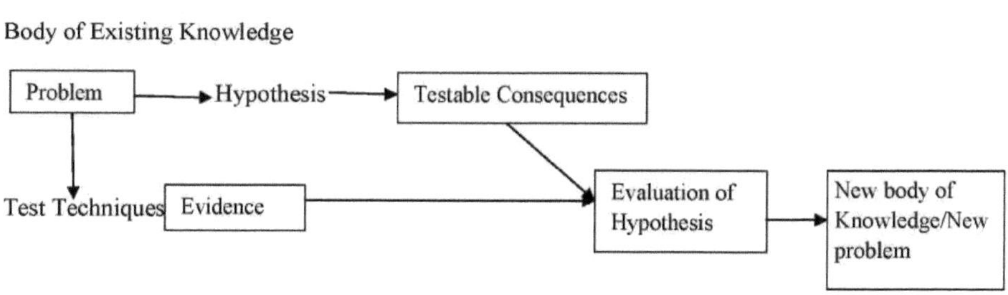

A necessidade de investigação deveu-se aos seguintes motivos

1. Para obter um diploma
2. Para obter respeitabilidade
3. Para enfrentar um desafio

4. Para resolver um problema
5. Para obter Alegria Intelectual
6. Servir a sociedade aumentando o nível de vida através da ciência e da tecnologia e mostrando o caminho correto à sociedade no caso das ciências sociais e comportamentais.

Qualidades de uma boa investigação

Um bom método de investigação deve conduzir a

i Originalidade / Novidade

ii Contribuição para o conhecimento

iii Significado

iv Solidez técnica

v. Avaliação crítica dos trabalhos existentes

Igbokwe,(2009)

1.3 Metodologia de investigação: Trata-se de um conjunto de técnicas sistemáticas utilizadas na investigação. Significa simplesmente um guia para a investigação e para a sua condução. Descreve e analisa os métodos, esclarece os seus limites e recursos, clarifica as suas suposições e consequências, relacionando as suas potencialidades com a zona de penumbra nas fronteiras do conhecimento.

Vantagens da metodologia de investigação: As vantagens da metodologia de investigação são as seguintes

1. Promoção da riqueza do ser humano
2. Fornecimento de ferramentas para a realização da investigação
3. Desenvolve uma atitude crítica e científica, um pensamento disciplinado para as observações
4. Enriquecimento do processo de investigação e possibilidade de aprofundar o estudo e a compreensão do tema
5. Ajuda a inculcar a capacidade de avaliar e utilizar os resultados da investigação com razoável confiança e na tomada de decisões
6. Inculca a capacidade de aprender a ler e a pensar criticamente.

1.4 FILOSOFIAS E METODOLOGIAS DE INVESTIGAÇÃO

1. Inquérito: É utilizado para obter dados sobre as práticas e a situação num determinado momento através de um questionário ou de entrevistas

2. Estudo de caso: trata-se de uma tentativa de descrever relações que existem na realidade

3. Simulações: Trata-se de copiar o comportamento de um sistema e é utilizada em situações em que é difícil resolver os problemas analiticamente. Normalmente, envolve a introdução de variáveis aleatórias. O problema é que os dados recolhidos são suficientes para se assemelharem à realidade.

4. Investigação subjectiva/argumentativa: É utilizada para gerar novas teorias e ideias que podem ser posteriormente testadas. Está sujeita a preconceitos de investigação. É uma forma de investigação não estruturada e subjectiva.

5. Investigação-ação: Esta é a forma mais útil de investigação. Implica uma aplicação em que o investigador tenta desenvolver resultados ou obter soluções de valor prático para as pessoas com quem trabalha e, ao mesmo tempo, desenvolver conhecimentos teóricos.

1.5 Tipos de investigação

Existem vários critérios para a classificação dos tipos de investigação, nomeadamente o método de investigação e o objetivo da investigação. A investigação pode também ser classificada segundo o método de investigação utilizado. No entanto, muitos projectos de investigação utilizam métodos de mais do que uma classe.

i. **Investigação-ação:** Este tipo de investigação é sobretudo essencial na investigação aplicada, onde r requer a implementação de alterações recomendadas a um processo, tendo em mente a resolução de um problema e a realização de investigação para determinar a eficácia das alterações identificadas. O seu objetivo é resolver um problema identificado com base em recomendações feitas a um processo

ii. **Investigação criativa:** A investigação criativa envolve o desenvolvimento de novas teorias; novos p procedimentos e novas invenções e é utilizada, em certa medida, em todos os domínios. Em contraste com a investigação experimental, a investigação criativa é muito menos estruturada e nem sempre pode ser pré-planeada. Este tipo de investigação inclui tanto a investigação prática como a teórica.

iii. **Investigação descritiva:** Este tipo de investigação é também designado por "investigação de estudo de caso". Trata-se de i estudar uma situação específica para verificar se podem surgir teorias gerais a partir dela, se uma teoria existente é confirmada por situações específicas, por exemplo, em estudos antropológicos, etc

iv. **Investigação experimental:** A pedra angular da ciência é a investigação experimental e criativa. A investigação experimental preocupa-se principalmente com a causa e o efeito. Aqui, as variáveis de interesse são identificadas (ou seja, as variáveis dependentes e independentes) e o investigador procura determinar o efeito das alterações nas variáveis independentes sobre a variável dependente.

v. **Investigação ex-post facto:** Trata-se de investigação "a posteriori" e este tipo de investigação ocorre normalmente com dados gerados a partir de investigação experimental. Enquanto na investigação experimental o efeito é determinado a partir da causa, aqui a causa é deduzida a partir do efeito.

vi. **Investigação expositiva:** Trata-se de uma investigação baseada exclusivamente em informações existentes e que normalmente dá origem a "relatórios de análise". Implica uma leitura alargada sobre um determinado domínio, comparando e contrastando, analisando e sintetizando todos os pontos de vista e desenvolvendo novas perspectivas.

vii. **Investigação histórica:** Estudos sobre o passado para determinar padrões de causa e efeito. Este tipo de investigação é frequentemente orientado para a utilização de acontecimentos passados para examinar a situação atual e prever a situação futura, por exemplo, a previsão do mercado de acções. Os dados são recolhidos a partir de fontes primárias (registos feitos no momento dos acontecimentos passados) e de fontes secundárias (registos feitos após o acontecimento). (Lodico et al,2010)

1.6 Os objectivos da investigação

A investigação tem muitos objectivos. No entanto, três dos objectivos mais comuns e úteis são a exploração, a descrição e a explicação. Muitos estudos podem ter, e muitas vezes têm, mais do que um destes objectivos, embora cada um deles tenha implicações diferentes para outros aspectos da conceção da investigação.

Como conceber um projeto de investigação

A realização de um projeto de investigação pode ser um pouco difícil para um principiante que nunca o tenha feito antes ou que esteja a enveredar por um tema ou método de investigação totalmente novos. Por onde começar e quais são os passos a seguir? Esta secção servirá de guia para o processo.

Uma ideia importante num projeto de investigação é a unidade de análise. A unidade de análise é a entidade principal que está a ser analisada num estudo. É o "o quê" ou "quem" que está a ser estudado. As unidades de análise são essencialmente as coisas que são examinadas de forma a criar descrições sumárias das mesmas e explicar as diferenças entre elas.

Alguns estudos incluem mais do que uma unidade de análise. Nestes casos, o investigador deve antecipar as conclusões que pretende tirar em relação a cada unidade de análise. Por exemplo, se um investigador está a examinar as despesas dos estudantes na instituição de ensino superior, a unidade de análise são os indivíduos (estudantes da instituição de ensino superior). Mais uma vez, se um investigador estiver a examinar que tipos de estudantes universitários têm mais sucesso nas suas carreiras, mas também quiser examinar que tipos de faculdades produzem os estudantes licenciados com mais sucesso, está a trabalhar com duas unidades de análise distintas: indivíduos (estudantes universitários) e organizações (faculdades).

1.7 Relação entre metodologia e método

A metodologia é a estratégia geral de investigação que define a forma como um projeto de investigação deve ser realizado e, entre outros aspectos, identifica os métodos a utilizar. Estes **métodos,** descritos na metodologia, definem os meios ou modos de recolha de dados ou, por vezes, a forma como um determinado resultado deve ser calculado. **A metodologia** não define métodos específicos, embora seja dada muita atenção à natureza e aos tipos de processos a seguir num determinado procedimento ou para atingir um objetivo.(Howell,2013) Qualquer descrição de um meio de cálculo de um resultado específico é sempre uma descrição de um método, e nunca uma descrição de uma metodologia (Katsicas,2009,). Assim, é importante evitar utilizar **metodologia** como sinónimo de **método** ou **de conjunto de métodos.** Ao fazê-lo, afasta-se do seu verdadeiro significado epistemológico e reduz-se ao procedimento em si, ao conjunto de ferramentas ou aos instrumentos que deveriam ter sido o seu resultado. Uma metodologia é o processo de conceção para a realização de uma investigação ou o desenvolvimento de um procedimento e não é, em si mesma, um instrumento, um método ou um procedimento para fazer as coisas.

Metodologia e **método** não são permutáveis, mas, nos últimos anos, tem-se verificado uma tendência para utilizar **a metodologia** como um "substituto pretensioso da palavra **método".** A utilização de **metodologia** como sinónimo de **método** ou **de conjunto de métodos** gera confusão e interpretações erradas e prejudica a análise adequada que deve ser feita na conceção da investigação.

CAPÍTULO DOIS

DICAS DE REDACÇÃO DE TRABALHOS DE INVESTIGAÇÃO

Atualmente, a redação de um trabalho de investigação é uma parte importante de todo o currículo académico e os estudantes têm de escrever um trabalho de investigação durante o seu período de formação. Neste caso, o principal objetivo de escrever um trabalho de investigação é melhorar a capacidade de utilizar as informações recolhidas para apoiar o seu ponto de vista sobre um determinado tópico. Enquanto investigador, deve ter um domínio sólido das ideias e termos fundamentais utilizados no domínio que está a escrever. É simples escrever um bom trabalho de investigação se compreender a escrita. Também é simples escrever um bom trabalho de investigação se compreender o padrão de escrita de uma investigação. Uma das coisas importantes a fazer antes de começar a escrever o seu trabalho é definir o seu horário. A redação de um trabalho de investigação inclui muitas tarefas, tais como a redação da tese, a recolha de informações necessárias, a preparação do rascunho, etc., pelo que deve levar mais tempo. É necessário dividir o tempo previsto para o trabalho de investigação pelos vários processos. Se o período pretendido para o seu trabalho de investigação for de três meses, programe os primeiros dez a quinze dias para gerir a sua declaração de tese, os quinze dias seguintes para recolher os recursos úteis para sustentar a sua tese e os dias seguintes para o seu processo de escrita e edição.

A escolha de um tópico correto é a próxima coisa importante a seguir por um escritor de trabalhos de investigação. Deve selecionar um tópico que seja do seu interesse para que todo o processo de investigação seja simples. E confirmar que sabe algo relacionado com o tópico para desenvolver o seu ponto de vista sobre o mesmo. Isto ajudá-lo-á a poupar o seu tempo de uma investigação profunda. Recolha as informações necessárias para apoiar a sua tese utilizando os vários recursos disponíveis. Recorra a excelentes livros relacionados com o tema, publicações académicas, revistas e recursos da Internet, como sítios Web e blogues de instituições de ensino e autoridades governamentais.

Passe aos seus processos de escrita com o recurso recolhido. Analise o seu ponto de vista sobre o tema e utilize os recursos adequados para o apoiar. Tente, no máximo, variar a redação do seu trabalho de investigação, de modo a conferir uma melhor atração ao trabalho final. Se não for claramente mantida, a atribuição das informações recolhidas terá um efeito negativo em toda a redação do seu trabalho de investigação. A sua atitude em relação ao processo de redação do trabalho de investigação é o fator-chave que determina o resultado final do seu trabalho. Se prestar atenção, obterá certamente um bom resultado.

Ao escrever documentos de investigação, é importante evitar alguns erros muito comuns, evitando estes erros de escrita de documentos de investigação enumerados abaixo;

2.1 DEIXAR PASSAR O PRAZO

Nunca se tem intenção de o fazer, mas, de alguma forma, os prazos acabam por aparecer do nada. Para grandes trabalhos de investigação , tente criar um calendário na sua agenda. Marque as datas em que gostaria de ter certas tarefas concluídas (como o esboço e o primeiro rascunho) e mantenha o seu progresso. Por exemplo, como já foi dito anteriormente, se o objetivo for três meses para o seu trabalho de investigação, programe os primeiros dez a quinze dias para gerir a sua declaração de tese, os quinze dias seguintes para recolher os recursos úteis para sustentar a sua tese e os dias seguintes para o seu processo de escrita e edição. Fazer progressos com antecedência reduzirá ao mínimo o stress e as noitadas à medida que a data de entrega se aproxima.

2.2 TER MEDO DE PEDIR AJUDA

Toda a gente se debate com a redação de trabalhos de investigação de vez em quando. Enquanto estudante, os seus professores, supervisores e bibliotecários querem que seja bem sucedido e, muito provavelmente, todos eles estarão ansiosos por o ajudar ou dar conselhos sempre que puderem. Não hesite em contactar o seu professor/supervisor se não tiver a certeza de como começar ou de como avançar com o seu trabalho; eles estão lá para o ajudar. Marque uma reunião e leve consigo algum do trabalho que fez até agora. Pode ser possível dividir algumas das suas tarefas de investigação em pequenas partes que podem ser realizadas sempre que tiver um pouco de tempo livre. Por exemplo, se tirar fotocópias de materiais que precisa de ler, não espere até ao último minuto para pedir ajuda em coisas que normalmente já deveria ter começado há muito tempo. Como investigador, é sempre aconselhável recorrer a um assistente de investigação ou a um consultor. Não pode saber tudo, deve haver uma área em que precisa de aconselhamento especializado para atingir a qualidade desejada.

2.3 TORNAR O TEMA DEMASIADO VASTO

Quando começar a desenvolver ideias para o seu trabalho de investigação, tente restringir ainda mais o seu foco. Os trabalhos que não têm foco apenas esfolam a superfície de uma série de conceitos, mas nunca entram em pormenor. Desafie-se a escolher uma tese muito específica e pesquise o máximo possível para se inspirar e desenvolver as suas ideias da melhor forma possível. A tese deve servir dois objectivos: deve guiá-lo enquanto escreve e guiar os leitores quando estes a lêem. A tese deve ter um argumento forte baseado numa afirmação discutível". Os investigadores precisam de rever alguma literatura existente na sua área de interesse para se concentrarem no tópico de interesse. Esta revisão expô-lo-á ao que outros foram capazes de fazer na mesma área ou em áreas semelhantes; poderá ajudá-lo a modificar o seu tópico e a torná-lo peculiar.

2.4 POUPAR NOS RECURSOS

Fornecer fontes credíveis e muitos exemplos é uma óptima forma de mostrar ao seu público/professor que fez uma pesquisa exaustiva e que compreendeu realmente o tema.

2.5 DESORGANIZAR-SE

Fazer uma excelente investigação pode não garantir um excelente trabalho de investigação se não conseguir manter os seus materiais suficientemente organizados para os poder utilizar mais tarde. Pode até sublinhar as partes mais importantes da fonte, fazer anotações pessoais nas margens e criar automaticamente a sua bibliografia - tudo diretamente no seu computador. Também é possível ficar desorganizado dentro do seu próprio trabalho. É importante fazer a si próprio as seguintes perguntas para manter a concentração:

- Usei o meu esquema?
- Há alguma coisa que me tenha escapado?
- Os meus argumentos fazem sentido?
- Pus tudo nas minhas próprias palavras?
- Os meus parágrafos estão ligados e fluem de um para o outro?
- A minha conclusão liga todo o documento?

2.6 SER TOSCO

Alterar as margens? Ajustar o espaçamento entre linhas? Alterar ligeiramente o tamanho do tipo de letra? Resista à tentação de o fazer. Quando é dado um modelo ou quando o professor define um tamanho de página, não é porque goste de ler esse tamanho de página em particular. É porque o professor sabe que esse requisito de página é a quantidade de espaço que será necessário para desenvolver o seu tema de forma adequada e obter a boa nota que merece. Se seguir estes conselhos, não precisa de tentar nenhum desses truques.

2.7 ADICIONAR "FLUFF"

Por vezes, pode ser difícil cumprir esse requisito de extensão de página quando se sente que não tem mais nada para dizer. Os professores reconhecem a fluência quando a vêem. Sabem que optou por divagar para preencher o requisito de páginas em vez de fazer mais investigação. A introdução e a conclusão não devem, geralmente, exceder uma página, exceto se o trabalho for extremamente longo. Se não conseguir encontrar uma solução, peça conselhos ao seu professor sobre o que pode fazer com este tópico ou sugestões de leitura adicional.

2.8 NÃO TER UM AMIGO PARA O LER

Por vezes, quando passamos tantas horas e dias num projeto, os nossos olhos exaustos podem começar a não ver as coisas. Este conceito pode não fazer sentido para mais ninguém, mas é necessário. Peça a outra pessoa para ler o seu trabalho, mesmo que seja rapidamente, para se certificar de que os seus parágrafos são coerentes e que não cometeu erros óbvios. Além disso, considere a possibilidade de visitar o centro de redação da sua escola para obter mais ajuda, caso exista. Quanto mais críticas, melhor. Por vezes, existem centros que oferecem esses serviços. Registe-se neles para obter os serviços necessários. Lembre-se dos seguintes ditados: nada de bom vem fácil, um centavo sábio, um quilo tolo. Não seja demasiado mesquinho com o dinheiro; utilize-o para obter os serviços necessários para evitar cometer erros evitáveis.

2.9 CONFIAR NO COMPUTADOR PARA FAZER A CORRECÇÃO ORTOGRÁFICA

J ssim, o facto de ter conseguido evitar aqueles rabiscos vermelhos enquanto escrevia o seu trabalho de investigação não significa que este esteja isento de erros. O seu computador nem sempre o avisa quando utiliza a forma incorrecta de uma palavra, como "tu" ou "eles", mas o seu professor certamente o fará. Leia atentamente todo o seu trabalho quando o tiver terminado para se certificar de que evitou erros ortográficos e gramaticais simples. Os professores detestam ler erros tolos tanto quanto você detesta cometê-los.

2.10 ESQUECER OS RETOQUES FINAIS

Muitas vezes, para grandes projectos, como um trabalho de investigação, o professor terá orientações muito específicas sobre a forma como gostaria que o trabalho lhe fosse apresentado. Certifique-se de que tem o seu nome, turma e data e não se esqueça do agrafo! Se o seu professor pediu uma folha de rosto, uma pasta, etc., não se esqueça de preparar tudo com antecedência. Não quer perder pontos na apresentação depois de ter trabalhado tanto na pesquisa.

No fundo, sabe que é perfeitamente capaz de escrever um trabalho de investigação digno de um "A". O que precisa de fazer é evitar estes erros comuns e dar a si próprio tempo suficiente para concluir o trabalho da melhor forma possível. Estas dicas de regresso às aulas ajudá-lo-ão a aprender a escrever um trabalho de investigação e a sentir-se confiante ao fazê-lo. (James,2013)

CAPÍTULO TRÊS

DICAS PARA DETERMINAR A QUALIDADE DO SEU TRABALHO DE INVESTIGAÇÃO

Os trabalhos de casa são dados aos alunos para os ajudar a ter uma perspetiva mais alargada do tema que têm de investigar. A qualidade do conteúdo é muito importante. Os alunos não conseguem determinar a qualidade do seu trabalho de investigação antes de o apresentarem. O trabalho de investigação tem de ter uma boa introdução, seguida da declaração de tese, dos parágrafos do corpo e da conclusão.

Os alunos precisam de compreender a distinção entre os erros locais e os erros globais. Os erros locais são os que dizem respeito à sintaxe, à estruturação da frase e à pontuação. Os erros globais são aqueles que são capazes de afetar a grande organização em grande escala. Certifique-se de que o seu trabalho está isento de ambos os tipos de erros.

3.1 Dicas para determinar a qualidade do seu trabalho de investigação:

1. A primeira coisa que tem de fazer é rever a sua introdução. A introdução tem de ser suficientemente eficaz para manter os leitores concentrados no conteúdo. É necessário manter a extensão da introdução. Não deve ter mais de uma página, a menos que o trabalho seja muito longo ou que seja necessário combinar a introdução com a revisão da literatura. A introdução deve conduzir à tese.

2. A tese tem de ser clara e precisa. Como já foi referido, a tese deve servir dois objectivos: deve guiá-lo enquanto escreve e guiar os leitores quando lêem. A tese deve ter um argumento forte baseado numa afirmação discutível. Os pontos da tese devem tornar o seu argumento suficientemente forte e convencer também os leitores.

3. Os parágrafos do corpo do texto devem seguir a declaração de tese. Não introduza os mesmos pontos que os especificados na tese.

4. Reveja novamente os parágrafos. Verifique todos os pontos em pormenor. Certifique-se de que tem subpontos e exemplos para todos os pontos que incorpora nos parágrafos do corpo do texto.

5. Certifique-se de que tem uma excelente conclusão. Resuma o seu argumento, destacando os pontos importantes na conclusão.

6. Reveja as citações mencionadas no documento. Os estilos de citação são importantes; isto

será visto numa parte posterior deste texto. Cite as fontes sempre que necessário. Isto é importante para evitar o plágio.

7. Os erros gramaticais devem ser vistos e rectificados. Pequenos e simples erros podem reduzir a sua pontuação em . É assim que pode determinar a qualidade do seu trabalho de investigação e melhorá-lo sempre que necessário.

3.2 DICAS PARA O REGRESSO ÀS AULAS: COMO ESCREVER UM TRABALHO DE INVESTIGAÇÃO

Depois de cada férias, estamos sempre ocupados a voltar ao ritmo das coisas, mas enquanto esteve fora, pode ter-se esquecido de algumas informações vitais sobre como escrever um trabalho de investigação. Também pode haver alguns componentes-chave da redação de trabalhos com os quais sempre teve dificuldades. Aqui estão algumas dicas de regresso às aulas para ter em mente ao iniciar o seu primeiro trabalho de investigação este ano letivo, para ajudar a criar o seu melhor trabalho.

3.3 TEMPESTADE CEREBRAL

A melhor maneira de escrever um excelente trabalho de investigação é escolher um tema que lhe interesse verdadeiramente. Muitos professores permitem-lhe escolher o seu próprio tema e, se não for esse o caso, pode geralmente escolher a sua própria direção. Muitas vezes, os estudantes escolhem um tema que lhes parece fácil, em vez de um tema que consideram interessante. Infelizmente, depressa se esgotam as possibilidades de investigação desses temas "fáceis". Escolha um tema que o apaixone verdadeiramente, reduza-o a partir de uma ideia ampla e comece a investigar! Veja estas ideias sobre onde procurar tópicos de investigação para o brainstorming no post, do blogue da conferência de alunos inteligentes.

3.4 ESTABELECER OBJECTIVOS

Este trabalho enorme pode parecer assustador quando lhe é atribuído pela primeira vez, mas esta é a sua oportunidade de começar a trabalhar e estabelecer objectivos. Tenha calma e dê tempo para fazer justiça ao seu trabalho. As linhas gerais são uma óptima forma de se manter organizado. Um trabalho de quinze páginas, distribuído ao longo de algumas semanas, não é difícil se estabelecer objectivos e prazos realistas. (Planear deixar tudo para o último minuto não é um plano; mais tarde vai odiar-se por isso)

3.5 COLOCAR A HONESTIDADE EM PRIMEIRO LUGAR

Ao desenvolver o seu trabalho de investigação, tente não esquecer que, quanto mais astuto se torna, mais experientes se tornam também os seus professores. Eles já viram de tudo, por isso, não tente ser mais esperto do que eles, tomando atalhos e não fazendo uma pesquisa honesta e bem desenvolvida. A escolha de fontes credíveis para o seu trabalho de investigação é a única forma de ser bem sucedido. Existem muitas formas de os professores verificarem se o seu trabalho é ou não da sua autoria e as consequências podem envolver a reprovação no trabalho, na aula ou, em casos extremos, até a expulsão da universidade. Nunca vale a pena.

3.6 VERIFICAR DUAS VEZES AS CITAÇÕES

Com a variedade de estilos de escrita em constante mudança, pode ser difícil ter os seus trabalhos citados ou página de bibliografia em ordem. É sempre melhor pedir orientação ao seu professor do que ser vítima de plágio inconsciente, que ainda o pode meter em sarilhos, se não tiver cuidado. As pessoas também têm tendência para repetir informação sem se lembrarem ou darem crédito à origem da informação. É por isso que é importante manter as suas fontes e notas bem organizadas.

3.7 NÃO SE PREPARAR PARA FALHAR

O facto de o seu professor lhe ter atribuído um trabalho de investigação que lhe parece impossivelmente longo não significa que esteja condenado ao fracasso. Os seus professores querem que seja bem sucedido e, normalmente, estão ansiosos por o ajudar. Não tenha medo de fazer algo extraordinário só porque pode exigir algum trabalho árduo.

Manter-se a par dos seus trabalhos de investigação torna sempre a vida mais fácil. Com estas cinco dicas para trabalhos de investigação de regresso às aulas, estará rapidamente a caminho de uma investigação sem stress e com resultados que o deixarão satisfeito.

3.8 COMO ENCONTRAR TEMAS PARA TRABALHOS DE INVESTIGAÇÃO NA VIDA QUOTIDIANA

Imagina-se a escrever um trabalho de investigação fascinante, gratificante e valioso e a obter um bom resultado? Então, é crucial que comece por fazer um brainstorming de ideias interessantes para trabalhos de investigação e por obter um bom tema para o trabalho.

Infelizmente, procurar em todo o lado por temas de trabalhos de investigação já feitos, vinte e quatro horas por dia, não resolve o problema. Todos os esforços para encontrar planos para trabalhos de investigação na Internet, nas bibliotecas e nos manuais parecem ser em vão, pois estão cheios de temas de trabalhos de investigação estragados, já utilizados, ou mesmo impossíveis de pesquisar.

No entanto, pode obter um excelente tema para um trabalho de investigação a partir de qualquer coisa que faça durante o dia. Continue a ler e ficará a saber como encontrar o melhor tema para um trabalho de investigação da forma que desejar, com amplas informações sobre o mesmo.

Deixe-nos acompanhar as suas actividades diárias e descobrir se existem várias ideias para trabalhos de investigação que consegue encontrar. Suponhamos que é segunda-feira, às 8.00 horas. Depois de o seu despertador barulhento o acordar, de ter começado a trabalhar e de ter voltado à dura realidade, sintoniza o rádio na esperança de que a voz do DJ o anime e o sintonize definitivamente para o dia. Essa mesma voz diz-lhe que, dentro de cinco segundos, lhe será oferecida uma previsão astrológica regular. Seja com ceticismo ou de todo o coração, fica a saber o que lhe vai acontecer hoje.

Pense um pouco, com ceticismo ou de todo o coração, e diga a si próprio que está na altura de decidir a sua opinião sobre a astrologia quando se trata de um tema de trabalho de investigação científica que pode soar como: A Astrologia é uma Pseudociência? Isto pode servir como o seu primeiro conceito de trabalho de investigação do dia.

Mais uma vez, está a correr em direção à universidade e apercebe-se de que quase todos os edifícios por onde passa são blocos de escritórios com equipamento dispendioso que deveria estar protegido por dispositivos de segurança incorporados. O que são exatamente os dispositivos de segurança incorporados nas novas construções? O que é que eles podem fazer? -Este pode ser o título de um excelente tópico de trabalho de investigação em Arquitetura.

Além disso, está na universidade, um berço de stress diário que o deixa louco. Por que não aproveita, pelo menos, uma vantagem do stress e transforma este problema diário irritante num bom tema de trabalho de investigação? Pode perceber as razões do stress e investigar a questão a um nível científico.

Além disso, pode dar uma dica aos seus professores sobre como aliviar a tensão na sala de aula no seu trabalho de investigação e eles apreciarão os seus esforços e avaliarão o seu trabalho pelo seu verdadeiro valor.

Normalmente, depois das aulas, vai a uma cafetaria local com os seus amigos, onde pode conversar, o que lhe dará a oportunidade de morder a qualquer momento. Essa dentada é prejudicial? Ou será que a comida de plástico é sinónimo de comida não saudável? Este pode ser um excelente tema para um trabalho de investigação, que pode basear-se na sua experiência pessoal, nos sentimentos de outros consumidores e em numerosos resultados de sondagens, porque o país está repleto de cadeias de fast food, uma das quais é o Shoprite.

Aliás, como é que a cadeia Shoprite se espalhou pelo mundo? Tente descobrir e escreva um trabalho de investigação sobre a história de sucesso do pão Shoprite. Pode ser uma boa investigação para qualquer trabalho de investigação sobre negócios.

De facto, todos os dias vamos a uma loja para comprar comida e o caixa pergunta-nos educadamente se vamos pagar em dinheiro ou com cartão de crédito. As coisas estão a mudar, antigamente ninguém pensava em cada um destes dispositivos electrónicos, mas não podemos passar sem os cartões de crédito. Porquê? Que factores estão a contribuir para a utilização excessiva dos cartões de crédito? O que é que pode influenciar o seu declínio?

Depois de fazer as compras, enche o frigorífico de coisas, cantarolando a sua canção preferida, mas um pensamento estranho vem-lhe à cabeça: Como é que os nossos antepassados conseguiam perseverar na comida quando não havia frigoríficos? Devia haver alguma opção para congelar! Este é um tema muito interessante

Depois dos aborrecimentos do dia, à noite, senta-se numa cadeira confortável para ver televisão, provavelmente a atividade preferida que pode ocupar cerca de 170 minutos das vinte e quatro horas, de acordo com um inquérito aos consumidores. Já se preocupou em prestar atenção a este problema candente que necessita de investigação imediata? Tente investigar as actividades televisivas, porque o fenómeno do mundo moderno tenta ver o que realmente dá e não apenas como influencia a nossa consciência.

Nos primeiros segundos de visionamento da televisão, é muito provável que se dê uma espreitadela a anúncios irritantes; como tal, estes ocupam quinze minutos de uma hora média de televisão. Depois, pensamos: Oh, meu Deus! Outra vez não! A televisão não é um meio de entretenimento, é um meio de publicidade. A partir daí, obtém um outro bom tema para um trabalho de investigação em Sociologia, que provavelmente reagirá aos sentimentos de toda a gente em relação à publicidade.

Além disso, antes de ires para a cama, queres tomar banho e o teu irmão/irmã mais novo aparece. Caíste na maratona em direção à casa de banho e acabaste por ficar extremamente zangado perto da porta fechada. Mas, em vez de resmungar, pode agradecer ao seu irmão por lhe ter feito pensar num bom tema para um trabalho de investigação: As crianças primogénitas são diferentes das que nascem tarde? Conhece as possíveis razões e também as caraterísticas significativas destas variações?

Agora pode esquecer a sua sessão de banho e ir dormir tranquilamente, uma vez que a missão do dia está concluída: já teve ideias suficientes para temas de trabalhos de investigação.

Como se pode ver, não foi difícil. Poderá encontrar bons temas para trabalhos de investigação sem ter de fazer um esforço excessivo na pesquisa. A melhor ideia é que basta esticar a mão e conduzi-los para se certificar de que reconhece os bons temas para trabalhos de investigação à medida que estes surgem.

Incoming search terms: Os seguintes são possíveis ideias para trabalhos de investigação que podem surgir ao longo do dia; tópicos para trabalhos de investigação sobre alimentos, excelentes tópicos para trabalhos de investigação, ideias para tópicos de trabalhos de investigação, trabalhos de conferência baseados em experiências pessoais, ideias para tópicos de trabalhos de investigação universitários, tópicos para trabalhos de investigação sobre estudantes universitários, tópicos para trabalhos de investigação sobre trabalho, tópico para trabalhos de investigação sobre ideias para alimentos.

Para muitos candidatos a doutoramento, este é o seu objetivo final, sem grandes perguntas. No entanto, quando a bola começa a rolar, rapidamente ganha o seu próprio impulso; rapidamente começa a sentir que o seu objetivo pode fugir de si.

Se recuarmos e considerarmos este cenário de forma mais alargada, este é o momento exato em que normalmente olhamos à nossa volta e pedimos alguma forma de ajuda. Os cartazes de cães fugidos permitem que os vizinhos ajudem na procura do cão desaparecido. Quando se está perdido na floresta, um sinalizador indica às autoridades onde pode ser encontrado. Assim, quando se trata de algo tão importante como o seu doutoramento, porquê hesitar em procurar assistência especializada se sentir que precisa dela? A assistência especializada pode assumir muitas formas, tais como: orientação na redação, revisão da literatura relacionada, método de análise a utilizar, recolha/coligação de dados, análise e interpretação adequada dos resultados da análise, leitura geral das provas, etc.

Muitos clientes de dissertações podem atestar o facto de terem, direta ou indiretamente, recorrido à ajuda de um consultor. Por conseguinte, é normal, aceitável e deve ser encorajado, a fim de realizar um trabalho de investigação de qualidade com um grau máximo de originalidade/novidade. Existem várias empresas de consultoria para este tipo de serviços; uma delas é a Merc Data Consulting, que pode ser acedida através do seu sítio Web em http://www.mercdataconsulting.org.

Além disso, os investigadores podem até beneficiar mais, uma vez que os seus artigos estão a ser publicados a tempo de satisfazerem as suas exigências. Podem igualmente obter assistência sobre como iniciar a investigação ou como escrever um bom trabalho de investigação de nível aceitável para evitar o stress da rejeição frequente de artigos e a desmoralização que a acompanha. Esta assistência também se estende à ajuda no envio de artigos para publicação em revistas conceituadas com grande impacto, organizando seminários/workshops para os clientes. Os seminários e workshops desempenham um papel muito importante para os investigadores das seguintes formas

- Permite-lhes assumir a responsabilidade pessoal através da elaboração de um roteiro que os ajude no processo de dissertação
- Ajuda-os a aprender a selecionar e a trabalhar eficazmente com o corpo docente e os seus comentários
- Ao identificar alguns obstáculos comuns com que os alunos se têm debatido ao longo dos anos, estes obstáculos são depois utilizados como trampolins para o sucesso
- Os participantes recebem um livro de exercícios de fácil utilização que fornece orientação especializada sobre como realizar cada capítulo da sua dissertação

Quer terminar a sua dissertação este ano? Então está com sorte! Convidamo-lo a juntar-se à Merc Data Consulting em http://www.mercdataconsulting.org para uma assistência fácil e rápida.

Benefícios

A consultoria da Merc Data fornecerá orientação especializada aos clientes, co-criará um plano/guia especializada para clientes individuais para co-criar um plano que permita a cada cliente concluir a sua dissertação no prazo de um ano. Mais especificamente, o nosso dia em conjunto abrangerá os seguintes passos:

Apresentações e reunião

- Apresentar e selecionar manualmente os melhores grupos de investigadores e candidatos com base na fase do processo de investigação e dissertação em que cada um se encontra. Nesta fase, os clientes aprenderão em conjunto, compreendendo a importância do ponto em que se encontram no processo de investigação e dissertação, antes de passarem à criação do seu roteiro para a conclusão.

Aprender sobre o que é bom

- Esclarecer como deve ser o resultado final para que os investigadores e candidatos passem à fase seguinte do seu processo de investigação e dissertação. Neste ponto do processo, os candidatos transformam-se em mestres da sua fase atual, de tal forma que não têm dúvidas sobre "Bem, o que faço a seguir?"

Preparar-se para seguir em frente com sucesso

- Aumentar o sentido de eficiência dos participantes na conclusão do processo de investigação e dissertação. Tendo já estabelecido uma base mutuamente compreendida, os candidatos irão agora criar/co-criar, de forma colaborativa, planos individualizados que poderão facilmente seguir até à conclusão do curso.

Escrever uma dissertação pode ser um processo desgastante, mas os serviços de consultoria ajudam-no a ultrapassá-lo, apresentando-lhe as melhores práticas para se manter motivado enquanto trabalha para concluir a sua dissertação e fornecendo-lhe dicas valiosas baseadas em anos de experiência em consultoria de dissertação.

CAPÍTULO QUATRO

REFERÊNCIA

Existem vários estilos de referenciação; iremos analisar o estilo da American Psychological Association (APA). Este estilo pode ser analisado com base nas seguintes diretrizes.

Associação Americana de Psicologia (APA): O estilo da American Psychological Association (APA) é um sistema de referência ou citação bibliográfica autor-data amplamente utilizado. Este capítulo contém explicações básicas e exemplos dos tipos de citações mais comuns utilizados pelos estudantes. Baseia-se no Publication Manual of the American Psychological Association (6ª edição) que está disponível em todas as bibliotecas da UWS. Se não conseguir encontrar o exemplo de referência que pretende neste capítulo, pode encontrar informações e exemplos mais detalhados na publicação acima referida. O Guia de Estilo APA para Referências Electrónicas pode ser utilizado para exemplos que não estão disponíveis no Manual de Publicação. Também é possível obter informações actualizadas através da Internet no sítio oficial do Estilo APA http://www.apastyle.org, que inclui tutoriais, um blogue e perguntas frequentes. Também é possível encontrar exemplos de trabalhos corrigidos do Manual de Publicação no sítio Web da APA. (Guia de estilo de referência APA)

4.1 Vários estilos de referência

Referenciação dos documentos da conferência: Os documentos da conferência podem ser referenciados no texto e nas secções de referência da seguinte forma

Citação no texto: No interior do texto, a citação segue o estilo apresentado abaixo:

(Shobhadevi & Bidarakoppa, 1994) ou Shobhadevi e Bidarakoppa (1994) publicaram o seu ... Neste caso, os autores seguidos de uma vírgula e a data de publicação são colocados entre parêntesis ou os autores seguidos de uma data entre parêntesis, como indicado acima.

Na lista de referências: No final do estudo, encontra-se a secção de referências, que segue o estilo abaixo indicado:

Shobhadevi, Y. J., & Bidarakoppa, G. S. (1994). Fenómenos de posse: As a coping behaviour. Em G. Davidson (Ed.), Applying psychology: Lessons from Asia-Oceania (pp. 83-95). Carlton, Vic., Austrália: Australian Psychological Society.

Os autores são enumerados, seguidos da data de publicação, entre parêntesis. O título do artigo e a edição são indicados imediatamente após a data. O nome da revista

Referenciação de um livro de um autor: Para referenciar um livro escrito por um autor, a citação segue os estilos indicados nas secções de texto e de referência abaixo:

Citação no texto: As citações efectuadas no texto seguem o estilo abaixo indicado:

(King, 2000) ou King (2000) compara Frame com (p. 34).

Na lista de referências: Na secção de referências, é utilizado o estilo abaixo indicado:

King, M. (2000). Wrestling with the angel: A life of Janet Frame. Auckland, Nova Zelândia: Viking.

Neste caso, o apelido e a inicial do autor vêm antes da data, que é colocada entre parênteses, seguida do título do livro, do local de publicação e da editora.

Livros de três a cinco autores: Se os autores do livro forem de três a cinco, a citação é feita no texto da seguinte forma:

Citação no texto: No interior do texto, as referências seguem os estilos abaixo indicados:

Primeira citação no texto: (Krause, Bochner, & Duchesne, 2006) ou Krause, Bochner, e Duchesne (2006) recomendam "..." (p. 32).

Aqui, a primeira vez que a citação é feita no texto, todos os autores são citados.

Em citações posteriores: De acordo com Krause et al. (2006)

Quando a citação é feita posteriormente, apenas o nome do primeiro autor é listado seguido de et al. (abreviatura de et alii - latim para 'e outros'). Não colocar et al. em itálico.

Na lista de referências: Na secção de referências, enumerar todos os autores e a data entre parênteses, como indicado abaixo:

Krause, K.-L., Bochner, S., & Duchesne, S. (2006). Educational psychology for learning and teaching (2ª ed.). South Melbourne, VIC, Austrália: Thomson.

Neste caso, o apelido e a inicial do autor vêm antes da data entre parênteses, seguidos do título do livro e da edição, do local de publicação e do editor.

Artigo de revista com paginação contínua: Para artigos de jornal com paginação contínua, os estilos de citação, tanto no interior do texto como na secção de referências, seguem o guia abaixo indicado:

Citação no texto: A citação dentro do texto segue o estilo de autor, data, tudo dentro de um parêntesis, assim: (Ferguson, 2014) ou o autor e a data isolados dentro de um parêntesis, como se mostra: Ferguson (2014) investiga...

Na lista de referências: A citação na secção de referências segue o estilo de autor e data entre parênteses. Segue-se o título do artigo, o nome da revista e o volume em itálico, e o número de página normal. O Uniform Resource Locator (URL) é indicado no final. É o seguinte.

Ferguson, C. J. (2014). Um caminho a seguir para a investigação sobre a violência nos jogos de vídeo. American Psychologist, 69, 307-309. http://dx.doi.org/10.1037/a0036357

Artigo de revista; versão eletrónica com DIO: Alguns artigos de revista publicados eletronicamente têm o identificador de objeto digital. Nestes casos, a citação segue o estilo abaixo indicado, tanto no texto como na secção de referências.

Citação no texto: No texto, o estilo de citação segue Shepherd et al. (2007) ou Shepherd et al. (2007) realçam o... Neste caso, et al. é utilizado na primeira citação.

Na lista de referências: A citação segue o estilo indicado abaixo na secção de referências:

Shepherd, R., Barnett, J., Cooper, H., Coyle, A., Moran-Ellis, J., Senior, V., & Walton, C. (2007). Towards an understanding of British public attitudes concerning human cloning (Para uma compreensão das atitudes do público britânico relativamente à clonagem humana). Social Science & Medicine, 65(2), 377-392. http://dx.doi.Org/10.1016/j.socscimed.2007.03.018

Aqui, todos os autores são listados, seguidos da data entre parêntesis. Segue-se o título do artigo, o nome da revista, o volume e o número, depois as páginas e a ligação DOI. O nome da revista e o volume estão em itálico, o número, entre parêntesis, segue de perto o volume e é separado por vírgula antes dos números das páginas, que não estão em itálico. A ligação DOI vem em último lugar.

Em 2012, a APA publicou um suplemento ao Manual de Estilo APA oficial, onde anunciava uma mudança na forma como o DOI devia ser apresentado, de **doi:10.XXXXXX** (como é recomendado pela Cross Ref na sexta edição do Manual de Publicação) para **http://dx.doi.org/10.XXXXXXX,** Isto é para garantir que os DOIs são resolvidos em ligações de trabalho. No entanto, ambos são aceitáveis durante este período de transição, portanto, quando um DOI estiver disponível, inclua-o na referência.

Artigo de revista sem DOI: Por outro lado, algumas revistas não têm DOI, nesse caso, as citações , tanto no texto como na secção de referências, seguem o estilo indicado abaixo:

Citação no texto: No interior do texto, a citação também segue um destes estilos: Na sua investigação, (Harrison & Papa,2005)estabeleceram ...ou: Na sua investigação, Harrison e Papa (2005) estabeleceram....

Na lista de referências: Como já foi dito, na secção de referências, todos os autores são listados, seguidos da data entre parênteses. Segue-se o título do artigo, o nome da revista, o volume e o número, depois as páginas e a fonte. O nome da revista e o volume estão em itálico, o número, entre parêntesis, segue de perto o volume e, como é habitual, está separado por vírgula antes dos números das páginas, que não estão em itálico. É indicada a fonte, que pode ser a base de dados, a página Web ou o URL. Segue-se um exemplo:

Harrison, B., & Papa, R. (2005). O desenvolvimento de um programa de conhecimentos indígenas numa escola de imersão em língua maori da Nova Zelândia. Anthropology and Education Quarterly, 36(1), 57-72. Obtido da base de dados da Biblioteca de Investigação Académica.

Ao indicar o nome da base de dados, como no exemplo acima, não inclua o URL da base de dados. Se o artigo não foi obtido de uma base de dados de uma biblioteca, inclua o nome ou o URL da página Web.

Artigo de revista apenas na Internet (publicação em linha): Algumas revistas publicam tanto na versão impressa como na versão em linha. Para as que publicam apenas em linha, o estilo é o seguinte:

Citação no texto: No interior do texto, se não houver data, a citação segue um dos estilos abaixo: (Snell &Hodgetts, n.d.) ou Snell e Hodgetts (n.d.) identificados (para.3). Se não houver números de página, citar o número do parágrafo no texto, como indicado.

Na lista de referências: Na secção de referências, seguir o guia abaixo indicado:

Snell, D., & Hodgetts, D. (n.d.). A psicologia das comunidades heavy metal e a supremacia branca. Te Kura Kete Aronui, 1. Retrieved fromhttp://www.waikato.ac.nz/wfass/tkka

Note-se que (n.d.) significa sem data.

Artigo de jornal citado numa fonte secundária: Por vezes, os autores citam referências de uma fonte secundária. Nesses casos, a referência no texto e na secção de referências segue o guia abaixo:

Citação no texto: No interior do texto, aplica-se o guia abaixo:

(Lilieholm & Romney, 2000, como citado em Suntikul, Butler, & Airey, 2010) ou Lilieholm e Romney (2000, como citado em Suntikul, Butler, & Airey, 2010) argumentam que... Aqui, a fonte secundária que contém a fonte primária e a própria fonte primária são colocadas entre parêntesis ou apenas a data da fonte primária e a fonte secundária que contém a fonte primária são colocadas entre parêntesis.

Na lista de referências: Na secção de referências, apenas a fonte secundária é citada, segundo o estilo indicado no guia abaixo:

Suntikul, W., Butler, R., & Airey, D. (2010). Implicações da mudança política nas operações dos parques nacionais: Doi moi e o turismo nos parques nacionais do Vietname. Journal of Ecotourism, 9(3), 201218. http://dx.doi.org/10.1080/14724040903144360

Revista em formato eletrónico: Por vezes, é possível extrair factos de uma revista. Nesse caso, as referências, tanto no texto como na lista de referências, seguem o estilo abaixo indicado:

Citação no texto: A citação dentro do texto segue o estilo de autor e data entre parêntesis ou autor fora do parêntesis com apenas a data dentro do parêntesis. É o que se mostra a seguir:

(Robison, 2008) ou Robison (2008) considera...

Na lista de referências: Na secção de referências, a citação é feita da seguinte forma:

Robison, J. (2008, janeiro). Na onda do waka. North and South, 262, 80-87. Obtido da base de dados do Centro de Referência da Austrália/Nova Zelândia.

Neste caso, o autor é citado como habitualmente, e a data, que inclui também o mês, é colocada entre parêntesis. O título do artigo não em itálico vem imediatamente a seguir à data, seguido do nome da revista, do volume e das páginas, todos em itálico. É também indicado o nome da base de dados sem incluir o URL da base de dados. Se o número de autores for igual ou superior a oito, enumera-se os seis primeiros, depois uma elipse (...) e termina-se com o último autor.

Jornal em formato impresso: Para referenciar informações obtidas de uma publicação de jornal em versão impressa, a referência, tanto no texto como na secção de referências, segue o guia abaixo:

Citação no texto: No interior do texto, a citação segue, como habitualmente, o estilo abaixo indicado:

(Cumming, 2003) ou Cumming (2003) relata...

Na lista de referências: Na secção de referências, a citação segue o estilo abaixo indicado:

Cumming, G. (2003, 5 de abril). A tosse que abalou o mundo. New Zealand Herald, p. B4. Aqui o autor está fora de um parêntesis, enquanto a data, que também inclui o mês e o dia, está entre parêntesis. O título do artigo, que não está em itálico, segue-se imediatamente. Segue-se o nome do jornal em itálico e a página antes do número de página. Utiliza-se apenas para jornais, não para revistas ou jornais. Utilizar p para 1 página, pp. para mais de uma página. Se os números de página forem descontínuos, separar os números de página com uma vírgula, por exemplo, pp. Al, A4-5.

Jornal em versão eletrónica: Se o jornal estiver em formato eletrónico, a citação, tanto no texto como na secção de referências, deve seguir o estilo indicado abaixo:

Citação no texto: No interior do texto, a citação, tal como na versão impressa, segue o estilo abaixo indicado:

(Cumming, 2003) ou Cumming (2003) relata...

Na lista de referências: Na secção de referências, a citação segue um estilo semelhante ao da versão impressa, exceto no que diz respeito ao URL, uma vez que se trata de um documento em formato eletrónico. O estilo é o seguinte

Cumming, G. (2003, 5 de abril). A tosse que abalou o mundo. New Zealand Herald. Recuperado de http://www.nzherald.co.nz. O URL da página inicial do jornal é utilizado como uma ligação direta a um artigo em linha num jornal noticioso. Isto deve-se ao facto de o sítio Web não ser uma ligação persistente.

Jornal sem autor: Alguns artigos de um jornal não têm autores. Nesse caso, as citações, tanto no texto como na secção de referências, seguem o estilo indicado abaixo:

Citação no texto: No interior do texto, o título do artigo é utilizado em vez do autor, com uma data separada por vírgula, tudo entre parênteses, como se mostra abaixo:

("Drivers Reject Fuel Prices", 2003). Aqui, o título é abreviado; são utilizadas aspas duplas. Cada letra da palavra é maiúscula.

Na lista de referências: Na secção de referências, a citação segue o estilo abaixo:

Os motoristas rejeitam o preço dos combustíveis devido à ameaça de guerra. (2003, 7 de março). Timaru Herald, p.l. Aqui, como não há autor, o título do artigo vem em primeiro lugar. A data, que inclui o mês e o dia, é colocada entre parêntesis. Segue-se o título do jornal em itálico e o número da página.

No entanto, é importante notar que, antes de submeter um trabalho a uma editora, verifique as diretrizes de referenciação da revista fornecidas pela editora, uma vez que estas podem variar de uma editora para outra.

CAPÍTULO CINCO

TESTES DE HIPÓTESES

Uma hipótese estatística é uma hipótese científica que pode ser testada com base na observação de um processo que é modelado através de um conjunto de variáveis aleatórias. É um método de inferência estatística utilizado para testar uma hipótese estatística.

Diz-se que um resultado de um teste é estatisticamente significativo se tiver sido previsto como improvável de ter ocorrido apenas por erro de amostragem, de acordo com um limiar de probabilidade conhecido como nível de significância. Os testes de hipóteses são utilizados para determinar quais os resultados de um estudo que conduziriam à aceitação ou rejeição da hipótese nula para um nível de significância pré-especificado. No quadro de Neyman-Pearson, o processo de distinção entre a hipótese nula e a hipótese alternativa é auxiliado pela identificação de dois tipos conceptuais de erros, conhecidos como tipo 1 e tipo 2, e pela especificação de limites paramétricos sobre, por exemplo, a quantidade de erro de tipo 1 que será permitida.

5.1 TIPO I TIPO II ERROS

Ao tomar decisões com base numa amostra, são possíveis dois erros.

Exemplo.l:

Podemos rejeitar Ho quando ele é verdadeiro, ou seja, quando o deveríamos ter aceite. Quando isto acontece, dizemos que se cometeu um erro de tipo I. Em segundo lugar, podemos aceitar Ho quando, na realidade, Ho é falsa. A isto chama-se novamente erro de tipo II. Um teste de hipóteses é considerado bom se ambos os erros de julgamento forem minimizados. Isto nem sempre é possível. No entanto, em qualquer situação particular, é preferível minimizar o erro mais grave.

Exemplo 2:

Suponhamos que temos a hipótese nula de que um determinado medicamento não é venenoso, ou seja, $H_{0:}$ o medicamento não é venenoso. Erro de tipo I: Rejeitar H_0 quando esta é verdadeira. Isto significa que assumimos que o medicamento é venenoso.

Erro do tipo II: Aceitar H_0 quando H_0 é falso. Neste caso, tenta-se minimizar o erro do tipo II e permitir que o erro do tipo I predomine.

Estimativa estatística **144**

Ao testar uma dada hipótese, a probabilidade máxima com que estaríamos dispostos a arriscar um erro de tipo I é designada por **nível de significância** e é frequentemente denotada por α. Resumimos este nível de significância no diagrama abaixo. A curva abaixo destina-se a testes, envolvendo a curva normal.

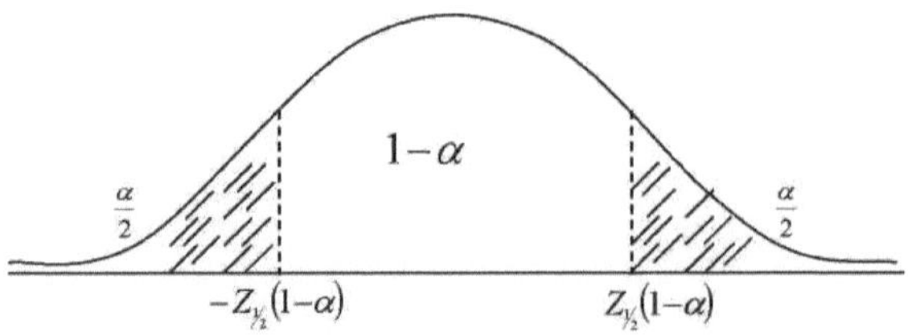

Se Ho for verdadeira, então podemos estar 100(l-α)% confiantes de que Z se situa entre $-Z_{1/2}(1-\alpha)$, $Z_{1/2}(1-\alpha)$.

No entanto, se, ao escolher uma única amostra aleatoriamente, se verificar que Z está fora do intervalo não sombreado, concluir-se-á que tal acontecimento ocorreria com uma probabilidade de apenas α - as regiões sombreadas - se H_0 for verdadeira. A região sombreada total "α" representa a probabilidade de estarmos errados ao rejeitar H_0, ou seja, a probabilidade de cometermos um erro de tipo I. Assim, podemos dizer que H_0 é rejeitada a um nível de significância de 0,05 ou que Z é significativo a um nível de 0,05. O conjunto de valores de Z fora da parte não sombreada constitui o que se designa por região crítica ou região de significância ou região de rejeição de H_0. Enquanto o conjunto de Z no interior é designado por região de aceitação de H_0 ou região de confiança ou região de não significância.

Os pontos que separam a região de aceitação da região crítica são designados por ponto crítico do ensaio.

Assim, pode formular-se a seguinte regra de decisão:

1) Rejeitar H_0 ao nível de significância 'α' se Z estiver fora de $\pm Z_{1/2}(1-\alpha)$.
2) Aceitar H_0 caso contrário.

Testes unilaterais e bicaudais: Se, num teste de H_0, a região crítica existir em ambas as caudas da curva da distribuição de amostragem, como na figura acima, chamamos-lhe teste bicaudal. Por outro lado, se o teste envolver a região crítica que aparece apenas num dos lados da curva, chamamos-lhe teste unicaudal. No teste bicaudal, a área das regiões críticas em cada lado da distribuição é igual a % do nível de significância do teste.

Um quadro alternativo para o teste de hipóteses estatísticas consiste em especificar um conjunto de modelos estatísticos, um para cada hipótese candidata, e depois utilizar técnicas de seleção de modelos para escolher o modelo mais adequado. As técnicas de seleção mais comuns baseiam-se no critério de informação de Akaike ou no fator de Bayes.

O teste de hipóteses estatísticas é por vezes designado por **análise confirmatória de dados.** Pode ser comparada com a análise exploratória de dados, que pode não ter hipóteses pré-especificadas

Uma **hipótese** é uma proposta de explicação para um fenómeno. Para que uma hipótese seja uma hipótese científica, o método científico exige que seja possível testá-la. Os cientistas geralmente baseiam as hipóteses científicas em observações anteriores que não podem ser explicadas de forma satisfatória com as teorias científicas disponíveis. Embora as palavras "hipótese" e "teoria" sejam frequentemente utilizadas como sinónimos, uma hipótese científica não é o mesmo que uma teoria científica. Uma hipótese de trabalho é uma hipótese provisoriamente aceite e proposta para investigação posterior.

O **Critério de Informação de Akaike (AIC):** Trata-se de uma medida da qualidade relativa de um modelo estatístico para um determinado conjunto de dados. Ou seja, dado um conjunto de modelos para os dados, o AIC estima a qualidade de cada modelo, relativamente a cada um dos outros modelos. Assim, o AIC fornece um meio para a seleção de modelos.

O AIC baseia-se na teoria da informação; oferece uma estimativa relativa da informação perdida quando um determinado modelo é utilizado para representar o processo que gera os dados. Ao fazê-lo, lida com o compromisso entre a qualidade do ajuste do modelo e a complexidade do modelo. Não fornece um teste de um modelo no sentido de testar uma hipótese nula; ou seja, o AIC não pode dizer nada sobre a qualidade do modelo num sentido absoluto. Se todos os modelos candidatos se ajustarem mal, o AIC não dará qualquer aviso desse facto.

Um **modelo estatístico** incorpora um conjunto de pressupostos relativos à geração dos dados observados e de dados semelhantes de uma população maior. Um modelo representa, muitas vezes de forma consideravelmente idealizada, o processo de geração de dados. Os pressupostos do modelo descrevem um conjunto de distribuições de probabilidade, algumas das quais são assumidas como aproximando adequadamente a distribuição a partir da qual um determinado conjunto de dados é amostrado.

Um modelo é geralmente especificado por equações matemáticas que relacionam uma ou mais variáveis aleatórias e possivelmente outras variáveis não aleatórias. Como tal, "um modelo é uma representação formal de uma teoria" (Herman Ader citando Kenneth Bollen).

Todos os testes de hipóteses estatísticas e todos os estimadores estatísticos são derivados de modelos estatísticos. Em termos mais gerais, os modelos estatísticos fazem parte da base da inferência estatística.

A estatística, tal como todas as disciplinas matemáticas, não permite inferir conclusões válidas a partir do nada. A inferência de conclusões interessantes sobre populações estatísticas reais requer normalmente alguns pressupostos de base. Essas suposições devem ser feitas com cuidado, porque suposições incorrectas podem gerar conclusões extremamente imprecisas.

Eis alguns exemplos de pressupostos estatísticos.

- Independência das observações entre si (esta hipótese é um erro particularmente comum).
- Independência do erro de observação em relação a potenciais efeitos de confusão.
- Normalidade exacta ou aproximada das observações.
- Linearidade das respostas graduadas a estímulos quantitativos, por exemplo, na regressão linear.

Existem duas abordagens à inferência estatística: a **inferência baseada em modelos** e a **inferência baseada na conceção.** Ambas as abordagens se baseiam num modelo estatístico para representar o processo de geração de dados. Na abordagem baseada em modelos, o modelo é considerado inicialmente desconhecido e um dos objectivos é selecionar um modelo adequado para a inferência. Na abordagem baseada na conceção, o modelo é considerado conhecido e um dos objectivos é garantir que os dados da amostra são selecionados de forma suficientemente aleatória para a inferência.

Os pressupostos estatísticos podem ser classificados em duas classes, consoante a abordagem utilizada na inferência.

- Pressupostos baseados em modelos. Estes incluem os três tipos seguintes:
  1 Pressupostos de distribuição. Quando um modelo estatístico envolve termos relacionados com erros aleatórios, podem ser feitas suposições sobre a distribuição de probabilidade desses erros. Nalguns casos, a hipótese de distribuição diz respeito às próprias observações.
  2 Pressupostos estruturais. As relações estatísticas entre variáveis são frequentemente modeladas através da equiparação de uma variável a uma função de outra (ou várias outras), mais um erro aleatório. Os modelos envolvem frequentemente a adoção de um pressuposto estrutural sobre a forma da relação funcional, por exemplo, como na regressão linear. Isto pode ser generalizado a modelos que envolvem relações entre variáveis latentes subjacentes não observadas.
  3 Pressupostos de variação cruzada. Estes pressupostos envolvem as distribuições de probabilidade conjuntas das próprias observações ou dos erros aleatórios num modelo. Os modelos simples podem incluir o pressuposto de que as observações ou

os erros são estatisticamente independentes.

- Pressupostos baseados na conceção. Estes pressupostos estão relacionados com a forma como as observações foram recolhidas e envolvem frequentemente um pressuposto de aleatoriedade durante a amostragem.

5.2 TESTE DE SIGNIFICÂNCIA

No que diz respeito à análise estatística, o intervalo de confiança resume completamente toda a informação sobre o parâmetro de interesse. Permite-nos fazer declarações de probabilidade sobre o parâmetro desconhecido. Para além de fornecer os valores mais prováveis do parâmetro, o intervalo pode, de uma forma semelhante, ser utilizado para verificar se os dados da amostra contradizem ou não alguns resultados conhecidos. O exemplo seguinte ilustra este facto:

Exemplo

Considera que as idades dos dez rapazes acima referidos provêm provavelmente de uma população de estudantes cuja idade média é 17 anos?

Solução

Como não existe informação sobre 5, estimamos a partir da amostra. Tivemos de estabelecer intervalos de confiança de 95% e 99% para a média da população em que 5 é estimado a partir da amostra, ou seja, (17,5, 18,7) e (17,3, 18,9), respetivamente, podemos concluir que o valor 17 não se enquadra no intervalo de 99% e, por conseguinte, é um valor improvável da média da população. Assim, podemos dizer que não é provável que a amostra provenha de uma população de estudantes cuja média de idades é 17 anos.

CAPÍTULO SEIS

MÉTODOS DE AMOSTRAGEM

A amostragem diz respeito à seleção de um subconjunto de indivíduos de uma população definida para estimar as caraterísticas de toda a população. Cada variável individual mede uma ou mais propriedades (como o peso, a localização, a cor) de corpos observáveis que se distinguem como objectos ou indivíduos independentes. Na amostragem por inquérito, os pesos podem ser aplicados aos dados para ajustar o desenho da amostra; isto é particularmente visível na amostragem estratificada. Os resultados da teoria das probabilidades e da teoria estatística são utilizados para orientar a prática. Em todos os domínios de investigação, a amostragem é amplamente utilizada para recolher informações sobre uma população.

O processo de amostragem compreende várias fases:

- Definição da população em causa
- Especificação de uma base de amostragem (a base de amostragem é um conjunto de elementos/uma lista ou um mapa que contém todas as unidades a partir das quais é retirada uma amostra)
- Especificar um método de amostragem para selecionar itens ou eventos da estrutura
- Determinação da dimensão da amostra
- Implementação do plano de amostragem
- Amostragem e recolha de dados
- Dados que podem ser selecionados

Em estatística, uma **amostra aleatória simples** é um subconjunto de indivíduos (uma amostra) escolhido de um conjunto maior (uma população). Cada indivíduo é escolhido aleatoriamente e inteiramente por acaso, pelo que é classificada como uma amostragem probabilística; de tal forma que cada indivíduo tem a mesma probabilidade de ser escolhido em qualquer fase do processo de amostragem e cada subconjunto de k indivíduos tem a mesma probabilidade de ser escolhido para a amostra que qualquer outro subconjunto de k indivíduos. Este processo e esta técnica são conhecidos como **amostragem aleatória simples** e não devem ser confundidos com a amostragem aleatória sistemática. Uma amostra aleatória simples é uma técnica de inquérito não enviesada. Saul McLeod, (2014)

A amostragem aleatória simples é um tipo básico de amostragem, uma vez que pode ser um componente de outros métodos de amostragem mais complexos. O princípio da amostragem aleatória simples é que cada unidade elementar tem a mesma probabilidade de ser escolhida. Por exemplo, suponhamos que N estudantes universitários querem obter um passe para um espetáculo, mas só há X < N passes para eles, pelo que decidem escolher de forma justa quem pode ir. Então, é dado a todos um número no intervalo de 0 a N-l, e são gerados números aleatórios, quer eletronicamente quer a partir de uma tabela de números aleatórios (sempre contida na parte de trás de todas as tabelas matemáticas/estatísticas normais). Os números fora do intervalo de 0 a N-l são ignorados, assim como os números previamente selecionados. Os primeiros X números identificam o candidato sortudo que recebe um passe.

Em populações pequenas e, frequentemente, em populações grandes, essa amostragem é normalmente efectuada **"sem reposição"**, ou seja, evita-se deliberadamente escolher qualquer membro da população mais do que uma vez. Embora a amostragem aleatória simples possa ser efectuada com reposição, esta é menos comum e seria normalmente descrita de forma mais completa como amostragem aleatória simples **com**

substituição. A amostragem efectuada sem substituição já não é independente, mas continua a satisfazer a permutabilidade, pelo que muitos resultados se mantêm.

Além disso, para uma pequena amostra de uma grande população, a amostragem sem reposição é aproximadamente o mesmo que a amostragem com reposição, uma vez que a probabilidade de escolher o mesmo indivíduo duas vezes é baixa.

Uma seleção aleatória imparcial de indivíduos é importante para que, se for retirado um grande número de amostras, a amostra média represente com precisão a população. No entanto, isto não garante que uma determinada amostra seja uma representação perfeita da população. A amostragem aleatória simples permite apenas tirar conclusões externamente válidas sobre toda a população com base na amostra.

Em termos conceptuais, a amostragem aleatória simples é a mais simples das técnicas de amostragem probabilística. Requer uma base de amostragem completa, que pode não estar disponível ou não ser viável de construir para grandes populações. Mesmo que exista uma base de amostragem completa, podem ser possíveis abordagens mais eficientes se existirem outras informações úteis sobre as unidades da população.

As vantagens são o facto de não conter erros de classificação e de exigir um conhecimento prévio mínimo da população, para além do quadro. A sua simplicidade também torna relativamente fácil a interpretação dos dados recolhidos desta forma. Por estas razões, a amostragem aleatória simples adequa-se melhor a situações em que não existe muita informação disponível sobre a população e a recolha de dados pode ser efectuada de forma eficiente em itens distribuídos aleatoriamente, ou em que o custo da amostragem é suficientemente pequeno para tornar a eficiência menos importante do que a simplicidade. Se estas condições não se verificarem, a amostragem estratificada ou a amostragem por conglomerados pode ser a melhor opção.

Tabela de números aleatórios: Uma tabela de números aleatórios é especialmente preparada para obter amostras aleatórias. Para utilizar esta tabela, todas as unidades da população são, em primeiro lugar, numeradas da seguinte forma;

01-99, se o número de unidades na população for inferior a cem.
001-999, se for inferior a 1.000.
0001-9999, se for inferior a 10.000, etc. A tabela é então utilizada para selecionar o número de unidades desejado.

Suponhamos que é necessário selecionar uma amostra aleatória de 5 alunos de uma escola com 99 alunos. Em primeiro lugar, obtém-se a lista de todos os 99 alunos da escola. Como o número de alunos nas escolas é inferior a 100, numeramos os alunos da seguinte forma: 01, 02, 03, 99. Em seguida, pegamos em duas colunas ou linhas quaisquer da tabela de números aleatórios e percorremos as colunas ou cruzamos as linhas. Sempre que encontrarmos um número diferente entre 01 e 99, escrevemo-lo. Os alunos cujos números correspondem aos primeiros cinco números diferentes obtidos desta forma constituem a nossa amostra aleatória de tamanho cinco.
Quadro: Um quadro é a lista de todas as unidades da população a partir das quais são identificadas as unidades de amostragem. As unidades são designadas por unidades de amostragem. No exemplo acima, de 5 alunos, a lista da escola é o quadro. Note a diferença entre unidades de amostragem e unidades de amostragem. As primeiras são os objectos de uma amostra, enquanto as segundas são os objectos da população. Os exemplos mais comuns de quadro são;

1) Lista de escolas, se forem selecionadas várias escolas para formar uma amostra.
2) Lista de todos os alunos de uma escola se o número de alunos da escola tiver de ser selecionado para formar a amostra.
3) Lista de todos os contribuintes de uma zona, etc.

6.1 A amostragem sistemática é um método estatístico que envolve a seleção de elementos de uma base de amostragem ordenada. A forma mais comum de amostragem sistemática é um método de probabilidade igual. Nesta abordagem, a progressão através da lista é tratada de forma circular, com um regresso ao topo quando se ultrapassa o fim da lista. A amostragem começa por selecionar aleatoriamente um elemento da lista e, em seguida, são selecionados todos os k elementos do quadro, sendo k o intervalo de amostragem (por vezes designado por "salto"): este é calculado da seguinte forma

$$k = \frac{N}{n}$$

Em que n é a dimensão da amostra e N é a dimensão da população.

Com este procedimento, cada elemento da população tem uma probabilidade conhecida e igual de ser selecionado. Isto torna a amostragem sistemática funcionalmente semelhante à amostragem aleatória simples. No entanto, é muito mais eficiente (se a variância dentro da amostra sistemática for superior à variância da população).

A amostragem sistemática só deve ser aplicada se a população em causa for logicamente homogénea, porque as unidades de amostragem sistemática estão uniformemente distribuídas pela população. O investigador deve certificar-se de que o intervalo de amostragem escolhido não esconde um padrão. Qualquer padrão ameaçaria a aleatoriedade.

Exemplo: Suponhamos que um supermercado quer estudar os hábitos de compra dos seus clientes, então, utilizando a amostragem sistemática, pode escolher cada 10º ou 15º cliente que entra no supermercado e efetuar o estudo com base nessa amostra.

Trata-se de uma amostragem aleatória com um sistema. A partir da base de amostragem, é escolhido aleatoriamente um ponto de partida e as escolhas subsequentes são efectuadas a intervalos regulares. Por exemplo, suponha que quer fazer uma amostragem de 8 casas de uma rua com 120 casas. 120/8=15, pelo que cada 15ª casa é escolhida após um ponto de partida aleatório entre 1 e 15. Se o ponto de partida aleatório for 11, então as casas selecionadas são 11, 26, 41, 56, 71, 86, 101 e 116. Como um aparte, se cada 15ª casa fosse uma "casa de canto", então este padrão de canto poderia destruir a aleatoriedade da população.

Se, como é mais frequente, a população não for uniformemente divisível (suponha que quer fazer uma amostragem de 8 casas em 125, em que 125/8=15,625), deve escolher cada 15ª casa ou cada 16ª casa? Se escolher cada 16ª casa, 8*16=128, pelo que existe o risco de a última casa escolhida não existir. Por outro lado, se escolher cada 15ª casa, 8 multiplicado por 15 é igual a 120, pelo que as últimas cinco casas nunca serão selecionadas. Em vez disso, o ponto de partida aleatório deve ser selecionado como um número não inteiro entre 0 e 15,625 (incluindo apenas um ponto final) para garantir que todas as casas têm a mesma probabilidade de serem selecionadas; o intervalo deve agora ser não integral (15,625); e cada número não inteiro selecionado deve ser arredondado para o número inteiro seguinte. Se o ponto de partida aleatório for 3,6, então as casas selecionadas são 4, 20, 35, 50, 66, 82, 98 e 113, onde há 3 intervalos cíclicos de 15 e 4 intervalos de 16.

Para ilustrar o perigo de uma omissão sistemática que oculta um padrão, suponhamos que vamos fazer uma amostragem de um bairro planeado em que cada rua tem dez casas em cada quarteirão. Isto coloca as casas n.º 1, 10, 11, 20, 21, 30... nos cantos dos quarteirões; os quarteirões de esquina podem ser menos valiosos, uma vez que mais da sua área é ocupada pela frente da rua, etc., que não está disponível para fins de construção. Se, em seguida, recolhermos uma amostra de 10 em 10 agregados familiares, a nossa amostra será composta apenas por casas de esquina (se começarmos em 1 ou 10) ou não terá casas de esquina (qualquer outro início); de qualquer forma, não será representativa.

A amostragem sistemática também pode ser utilizada com probabilidades de seleção não iguais. Neste caso, em vez de simplesmente contar os elementos da população e selecionar cada $k^{ésima}$ unidade, atribuímos a cada elemento um espaço ao longo de uma linha numérica de acordo com a sua probabilidade de seleção. Em seguida, geramos um início aleatório a partir de uma distribuição uniforme entre 0 e 1 e deslocamo-nos ao longo da linha numérica em passos de 1.

Exemplo: Temos uma população de 5 unidades (A a E). Queremos atribuir à unidade A uma probabilidade de 20% de seleção, à unidade B uma probabilidade de 40%, e assim sucessivamente até à unidade E uma probabilidade de 100%. Partindo do princípio que mantemos a ordem alfabética, atribuímos a cada unidade o seguinte intervalo:

A: 0 a 0,2

B: 0,2 a 0,6 (= 0,2 +0,4)

C: 0,6 a 1,2 (=0,6 +0,6)

D: 1,2 a 2,0 (= 1,2 +0,8)

E: 2,0 a 3,0(= 2,0 + 1,0)

Se o nosso início aleatório fosse 0,156, seleccionaríamos primeiro a unidade cujo intervalo contém este número (ou seja, A). Em seguida, seleccionaríamos o intervalo que contém 1,156 (elemento C) e depois 2,156 (elemento E). Se, em vez disso, o nosso início aleatório fosse 0,350, seleccionaríamos os pontos 0,350 (B), 1,350 (D) e 2,350 (E).

6.2 Distinção entre uma amostra aleatória sistemática e uma amostra aleatória simples

Considere uma escola com 1000 alunos, divididos igualmente entre rapazes e raparigas, e suponha que um investigador quer selecionar 100 deles para um estudo mais aprofundado. Todos os nomes podem ser colocados num balde e depois são retirados 100 nomes. Não só cada pessoa tem a mesma probabilidade de ser selecionada, como também podemos calcular facilmente a probabilidade P de uma determinada pessoa ser escolhida, uma vez que conhecemos a dimensão da amostra (n) e a população (N):

1. No caso de uma determinada pessoa só poder ser selecionada uma vez (ou seja, após a seleção, uma pessoa é retirada da reserva de seleção):

$$P = 1 - \frac{N-1}{N} \cdot \frac{N-2}{N-1} \cdot \ldots \cdot \frac{N-n}{N-(n-1)}$$

$$\overset{\text{Canceling:}}{=} 1 - \frac{N-n}{N}$$

$$= \frac{n}{N}$$

$$= \frac{100}{1000}$$

$$- 10\%$$

2. No caso de uma pessoa selecionada voltar à reserva de seleção (ou seja, pode ser selecionada mais do que uma vez):

$$P = 1 - \left(1 - \frac{1}{N}\right)^n = 1 - \left(\frac{999}{1000}\right)^{100} = 0.0952\ldots \approx 9.5\%$$

Isto significa que cada aluno da escola tem, em qualquer caso, aproximadamente uma probabilidade de 10 em 10 de ser selecionado através deste método. Além disso, todas as combinações de 100 alunos têm a mesma probabilidade de serem selecionados.

Se for introduzido um padrão sistemático na amostragem aleatória, esta é designada por "amostragem (aleatória) sistemática". Um exemplo seria se os alunos da escola tivessem números associados aos seus nomes, que vão de 0001 a 1000, e escolhêssemos um ponto de partida aleatório, por exemplo, 0533, e depois escolhêssemos cada 10º nome para obter a nossa amostra de 100 (recomeçando com 0003 depois de chegar a 0993). Neste sentido, esta técnica é semelhante à amostragem por conglomerados, uma vez que a escolha da primeira unidade determinará as restantes. Não se trata de uma amostragem aleatória simples, porque algumas combinações de 100 alunos têm uma probabilidade de seleção maior do que outras - por exemplo, {3, 13, 23, ..., 993} tem uma probabilidade de seleção de 1/10, enquanto {1, 2, 3, ..., 100} não pode ser selecionado com este método.

Em estatística, **a amostragem por inquérito** descreve o processo de seleção de uma amostra de elementos de uma população-alvo para realizar um inquérito. O termo "inquérito" pode referir-se a muitos tipos ou técnicas diferentes de observação. Na amostragem por inquérito, o mais frequente é utilizar um questionário para medir as caraterísticas e/ou atitudes das pessoas. As diferentes formas de contactar os membros de uma amostra depois de terem sido selecionados são o tema da recolha de dados de um inquérito. O objetivo da amostragem é reduzir o custo e/ou a quantidade de trabalho que seria necessário para inquirir toda a população-alvo. Um inquérito que mede toda a população-alvo é designado por censo ou enumeração completa.

As amostras dos inquéritos podem ser divididas em dois tipos: amostras probabilísticas e amostras não probabilísticas. As amostras probabilísticas implementam um plano de amostragem com probabilidades especificadas (talvez probabilidades adaptadas especificadas por um procedimento adaptativo). A amostragem probabilística permite inferências baseadas na conceção sobre a população-alvo. As inferências baseiam-se numa distribuição de probabilidade objetiva conhecida que foi especificada no protocolo do estudo. As inferências de inquéritos baseados em probabilidades podem ainda sofrer de muitos tipos de enviesamento. No que se refere à amostragem por inquérito, devem ser tidos em conta os seguintes pontos

- Os inquéritos que não se baseiam numa amostragem probabilística têm mais dificuldade em medir o seu enviesamento ou erro de amostragem. Os inquéritos baseados em amostras não probabilísticas muitas vezes não representam as pessoas da população-alvo.
- Na investigação académica e governamental sobre inquéritos, a amostragem probabilística é um procedimento normal. Nos países desenvolvidos, por exemplo nos EUA, a "Lista de Normas para Inquéritos Estatísticos" do Gabinete de Gestão e Orçamento estabelece que devem ser realizados inquéritos financiados pelo governo federal:
- Seleção de amostras utilizando métodos estatísticos geralmente aceites (por exemplo, métodos probabilísticos que possam fornecer estimativas do erro de amostragem). Qualquer utilização de métodos de amostragem não probabilísticos (por exemplo, amostras de corte ou baseadas em modelos) deve ser justificada estatisticamente e permitir medir o erro de estimativa.
- Além disso, a amostragem aleatória e a inferência baseada na conceção são complementadas por outros métodos estatísticos, como a amostragem assistida por modelos e a amostragem baseada em modelos.
- Por exemplo, muitos inquéritos têm quantidades substanciais de não resposta. Embora as

unidades sejam inicialmente escolhidas com probabilidades conhecidas, os mecanismos de não resposta são desconhecidos. Para os inquéritos com um número substancial de não respostas, os estatísticos propuseram modelos estatísticos, com os quais os conjuntos de dados são analisados.

A abordagem baseada em modelos é a mais utilizada na inferência estatística; a abordagem baseada na conceção é utilizada principalmente na amostragem de inquéritos. Com a abordagem baseada em modelos, todos os pressupostos são efetivamente codificados no modelo.

6.3 A amostragem estratificada é um método de amostragem de uma população. Nos inquéritos estatísticos, quando as subpopulações de uma população total variam, é vantajoso amostrar cada subpopulação (estrato) de forma independente, estratificando-as. **A estratificação** é o processo de dividir os membros da população em subgrupos homogéneos antes da amostragem. Os estratos devem ser mutuamente exclusivos: cada elemento da população deve ser atribuído a apenas um estrato. Os estratos também devem ser coletivamente exaustivos: nenhum elemento da população pode ser excluído. Em seguida, aplica-se a amostragem aleatória simples ou a amostragem sistemática dentro de cada estrato. Isto melhora frequentemente a representatividade da amostra, reduzindo o erro de amostragem. Pode produzir uma média ponderada que tem menos variabilidade do que a média aritmética de uma amostra aleatória simples da população.

Em estatística computacional, a amostragem estratificada é um método de redução da variância quando são utilizados métodos de Monte Carlo para estimar estatísticas populacionais a partir de uma população conhecida

6.4 Estratégias envolvidas na amostragem estratificada

1. A atribuição proporcional utiliza uma fração de amostragem em cada um dos estratos que é proporcional à da população total. Por exemplo, se a população X consistir em m no estrato masculino e f no estrato feminino (em que m + f = X), então a dimensão relativa das duas amostras (xi = m/X homens, X2 = f/X mulheres) deve refletir esta proporção.
2. Afetação óptima (ou afetação desproporcionada) - Cada estrato é proporcional ao desvio padrão da distribuição da variável. São recolhidas amostras maiores nos estratos com maior variabilidade para gerar a menor variância de amostragem possível.

A amostragem estratificada garante que, pelo menos, uma observação é selecionada de cada um dos estratos, mesmo que a probabilidade de ser selecionada seja muito inferior a 1. Assim, as propriedades estatísticas da população podem não ser preservadas se houver poucos estratos. Uma regra geral utilizada para garantir este facto é que a população não deve ser constituída por mais de seis estratos, mas, dependendo de casos especiais, a regra pode mudar - por exemplo, se existirem 100 estratos com 1 milhão de observações cada, é perfeitamente possível efetuar uma amostragem estratificada de 10%.

Um exemplo real da utilização da amostragem estratificada seria um inquérito político. Se os inquiridos precisassem de refletir a diversidade da população, o investigador procuraria especificamente incluir participantes de vários grupos minoritários, como a raça ou a religião, com base na sua proporcionalidade em relação à população total, tal como acima referido. Um inquérito estratificado pode, assim, pretender ser mais representativo da população do que um inquérito por amostragem aleatória simples ou por amostragem sistemática. Seguem-se algumas das vantagens e desvantagens da amostragem estratificada.

6.5 Vantagens da amostragem estratificada em relação a outros métodos de amostragem

Se a densidade populacional variar muito dentro de uma região, a amostragem estratificada garantirá que as estimativas possam ser feitas com igual precisão em diferentes partes da região e que as comparações entre sub-regiões possam ser feitas com igual poder estatístico. Por exemplo, no Ontário, um inquérito realizado em toda a província pode utilizar uma fração de amostragem maior no norte, menos povoado, uma vez que a disparidade de população entre o norte e o sul é tão grande que uma fração de amostragem baseada na amostra provincial como um todo pode resultar na recolha de apenas alguns dados do norte.l

A estratificação aleatória também pode ser utilizada para melhorar a representatividade da população num estudo.

6.6 Desvantagens da amostragem estratificada

A amostragem estratificada não é útil quando a população não pode ser exaustivamente dividida em subgrupos distintos. Seria uma aplicação incorrecta da técnica tornar as dimensões das amostras dos subgrupos proporcionais à quantidade de dados disponíveis dos subgrupos, em vez de escalonar as dimensões das amostras em função das dimensões dos subgrupos (ou das suas variâncias, se se souber que variam significativamente, por exemplo, através de um teste F). O problema da amostragem estratificada no caso de priores de classe desconhecidos (rácio de subpopulações em toda a população) pode ter um efeito deletério no desempenho de qualquer análise do conjunto de dados, por exemplo, classification. Nesse sentido, o rácio de amostragem minimax pode ser utilizado para tornar o conjunto de dados robusto no que diz respeito à incerteza no processo subjacente de geração de dados.

Exemplo prático

Em geral, a dimensão da amostra em cada estrato é selecionada proporcionalmente à dimensão do estrato. A isto chama-se afetação proporcional. Suponha que, numa empresa, existe o seguinte quadro de pessoal:

- homens, a tempo inteiro: 90
- homem, a tempo parcial: 18
- mulheres, a tempo inteiro: 9
- mulheres, a tempo parcial: 63
- Total: 180

Se for necessário recolher uma amostra de 40 efectivos, estratificada de acordo com as categorias acima referidas, o primeiro passo é encontrar o número total de efectivos (180) e calcular a percentagem em cada grupo.

- % homens, a tempo inteiro = 90 = 180 = 50%
- % homens, a tempo parcial = 18 = 180 = 10%
- % mulheres, a tempo inteiro = 9 = 180 = 5%
- % mulheres, a tempo parcial = 63 = 180 = 35%

Isto diz-nos que da nossa amostra de 40,

- 50% devem ser homens, a tempo inteiro.
- 10% devem ser homens, a tempo parcial.
- 5% devem ser mulheres, a tempo inteiro.
- 35% devem ser mulheres, a tempo parcial.
- 50% de 40 é 20.
- 10% de 40 é 4.
- 5%de40é2.
- 35%de40isl4.

Outra forma fácil de não ter de calcular a percentagem é multiplicar a dimensão de cada grupo pela dimensão da amostra e dividir pela dimensão total da população (dimensão de todo o pessoal):

- homem, a tempo inteiro = 90x(40 = 180) = 20

- homem, a tempo parcial = 18x(40 = 180) = 4
- mulheres, a tempo inteiro = 9x(40 = 180) = 2
- mulheres, a tempo parcial = 63x(40 = 180) = 14

Amostragem por conglomerados: Em muitas situações, as unidades populacionais pertencem a um grupo natural. Por exemplo, a escola constitui um agrupamento natural de crianças em idade escolar se a população de crianças em idade escolar for de interesse, enquanto os mercados constituem um agrupamento natural num estudo em que o interesse é conhecer os preços dos géneros alimentícios.

Estes grupos naturais constituídos pelas unidades de interesse são designados **por Clusters.** Pode ser selecionada uma amostra de agregados de todos os agregados de interesse disponíveis e todas as unidades nos agregados selecionados são então estudadas - isto é conhecido como amostragem de agregados.

Amostragem em várias fases: Suponhamos que é efectuado um estudo que utilizará todos os estados do país. O investigador pode, em primeiro lugar, selecionar aleatoriamente seis estados (1.[a] fase) e, a partir desses seis estados, selecionar aleatoriamente dez áreas governamentais locais de cada um dos seis estados (segunda fase). Trata-se de uma amostragem em duas fases. Pode optar por uma amostragem em três fases, passando para as zonas. Repare que cada fase constitui um agrupamento.

6.7 Alguns métodos de amostragem não aleatórios

Qualquer processo de amostragem em que não se recorra a mecanismos aleatórios para selecionar a amostra necessária é considerado não aleatório.

São exemplos de planos de amostragem não aleatórios:

1) Amostragem sistemática
2) Amostragem de quotas
3) Amostragem aleatória

Amostragem sistemática: Este processo de amostragem, tal como referido anteriormente, é aquele em que as unidades de amostragem são selecionadas a intervalos fixos a partir do quadro. Por exemplo, em vez de selecionar uma amostra aleatória de dez alunos de uma escola, pode selecionar-se uma amostra sistemática em que cada nono nome da lista de 90 nomes da escola é escolhido.

A principal desvantagem deste método é que se pode acabar por ter unidades que se assemelham umas às outras por coincidirem com uma variação periódica inesperada no quadro. Na prática, é possível introduzir a aleatoriedade neste caso, decidindo aleatoriamente em que ponto da lista se vai começar a escolher sistematicamente.

Amostragem por quotas: Neste caso, procura-se representar diferentes classes que possam existir numa determinada população. É normalmente utilizada em inquéritos de opinião pública e estudos de mercado. Nestes inquéritos, os entrevistadores devem garantir que um número específico de unidades de várias classes, como idade, sexo, grupo de rendimentos e localização geográfica, seja incluído na amostra. A grande diferença entre esta amostragem e a estratificada é a ausência de uma regra de seleção bem definida na amostragem por quotas. Na amostragem estratificada, para além da seleção aleatória de cada estrato, as unidades a incluir na amostra são conhecidas antes da amostragem. Na amostragem por quotas, estas unidades não são conhecidas antecipadamente.

Amostragem aleatória: Neste caso, o selecionador pensa que está a fazer uma seleção aleatória. Um bom exemplo é o tipo de seleção em locais públicos frequentemente efectuada por:

1. Agentes de imprensa
2. Promotores de negócios

Afinal, quem é que entrevista pessoas para saber a sua opinião sobre algo que lhes interessa? No entanto, neste tipo de seleção não é utilizado nenhum dispositivo de acaso. Podemos pensar em muitos preconceitos possíveis que podem surgir numa seleção tão casual.

CAPÍTULO SETE
RECOLHA DE DADOS

Em qualquer estudo, um investigador pode ter a opção de recolher ele próprio os dados relevantes ou de se basear inteiramente em dados existentes já recolhidos por outra pessoa. Os primeiros são designados por **fontes primárias**, enquanto os segundos são designados por **fontes secundárias** de dados. Por exemplo, num estudo sobre o peso dos alunos do primeiro ano, um investigador pode optar por observar alguns alunos do primeiro ano em determinadas escolas da área de interesse, pelo que utiliza dados primários. No entanto, se as escolas mantiverem registos dos pesos de todos os alunos que entram na escola, o investigador pode utilizar esses dados se quiser, utilizando assim dados secundários.

Quer sejam primários ou secundários, os dados podem ser publicados ou não publicados.

7.1 Fontes não publicadas:

Os dados na sua forma original, tais como o número de nascimentos e mortes numa localidade, os nomes dos adultos tributáveis numa área, as idades das crianças em idade escolar num país, etc., podem existir em ficheiros, livros de registo, registos, etc., de departamentos governamentais ou não governamentais. Estes departamentos incluem ministérios, escolas, igrejas, hospitais, etc. A obtenção de dados a partir destas fontes exige muito esforço, tempo e dinheiro.

7.2 Dados publicados:

As principais fontes de dados publicados são as seguintes

a) Resumos estatísticos, boletins e relatórios emitidos por departamentos governamentais. Os dados podem ser primários ou secundários.
b) Relatórios de agências governamentais e não governamentais.
c) Relatórios de investigação e trabalhos.
d) Jornais diários, revistas e periódicos.

Os dados aqui apresentados podem ou não ser fiáveis, pelo que é necessário ter cuidado ao utilizá-los.

7.3 Orientações necessárias para a recolha de dados fiáveis

As seguintes considerações devem ser tidas em conta quando se inicia a recolha de dados.

a) O custo da recolha dos dados
b) Praticidade dos métodos de recolha propostos.
a) Se for utilizada a amostragem, as amostras devem ser representativas da população. Uma amostra representativa dá a todos os elementos da população oportunidades iguais de serem incluídos na amostra. Algumas das técnicas de amostragem serão tratadas mais adiante no

texto.

b) Os vários erros e preconceitos que podem levar a conclusões erradas devem ser minimizados ou, se possível, evitados.

A recolha de dados está sujeita a erros, por exemplo, quando é recolhido o tipo errado de dados que não se adequa ao problema em investigação. O enviesamento é introduzido, por exemplo, quando o investigador, por conveniência ou por qualquer outra razão, permite que os seus sentimentos pessoais se sobreponham aos princípios estatísticos.

e) Não deve ser gasto demasiado tempo na recolha de dados.

Para o investigador que utiliza os dados de outras pessoas, continua a ser essencial conhecer a forma como os dados foram recolhidos. Esse conhecimento e os critérios acima referidos devem permitir-lhe decidir sobre a fiabilidade dos dados e a sua adequação ao problema em estudo. (Igwenagu, 2007)

7.4 MÉTODOS DE RECOLHA DE DADOS

As orientações acima enumeradas devem ser consideradas em várias fases de um inquérito. Antes de discutir estas várias fases, é necessário distinguir entre dois tipos de inquéritos - o inquérito e os tipos experimentais. Estamos muito familiarizados com o termo "experiência" em química, biologia, física, etc.

Um inquérito consiste na observação de toda a população (o que se designa por censo) ou na observação de uma parte da população (o que se designa por inquérito por amostragem). Podemos reconhecer as seguintes três grandes diferenças entre inquérito e experiência.

a) As experiências são utilizadas principalmente para obter dados nas ciências naturais, enquanto os inquéritos são utilizados para o mesmo fim nas ciências sociais e na educação.

b) No tipo experimental, o investigador (experimentador) pode muitas vezes controlar alguns factores que não são relevantes para o problema em estudo, a fim de minimizar o enviesamento das suas conclusões. Nos inquéritos, o investigador não pode controlar nenhum dos factores irrelevantes.

c) A população de interesse no tipo experimental é sempre infinita, enquanto a dos inquéritos é geralmente finita.

7.5 ALGUMAS ETAPAS DA RECOLHA DE DADOS

Ao tentar recolher dados, quer através de experiências quer através de inquéritos, há que ter em conta as seguintes etapas.

1) Formulação do problema

2) Planeamento do estudo

3) Conceção do estudo

Formulação do problema

Antes de iniciar a recolha de dados, o investigador deve, em primeiro lugar, determinar o problema a resolver e especificar os seus objectivos.

Como ilustração do enunciado do problema, suponhamos que o Ministério da Educação de um governo está a pensar em regular os hábitos de consumo das crianças nos internatos. Antes de tomar decisões políticas, o governo precisa de conhecer os seguintes factos;

i) As necessidades normais para as quais será necessário dinheiro de bolso.

ii) A atual variação do montante da mesada entre os estudantes.

iii) Como é que os alunos gastam o seu dinheiro de bolso.

iv) Outros factos como a idade, o sexo, a localização da escola, o rendimento dos pais, etc.

Se todos os factos acima referidos não forem bem conhecidos, podemos decidir descobrir mais sobre eles. Um problema de estudo pode então ser formulado da seguinte forma:

Problema: Descobrir o nível atual de dinheiro de bolso entre os alunos de um colégio interno, a forma como esse dinheiro é gasto e a influência de factores como a idade, o sexo, a antiguidade na escola, a localização da escola e o rendimento dos pais no montante do dinheiro de bolso e nos hábitos de consumo dos alunos.
Com o problema claramente definido, podemos agora considerar a fase seguinte.

Planeamento do estudo: A fase seguinte do investigador consiste em planear o estudo. Ele tem de planear a melhor forma de resolver o seu problema. De facto, o seu plano incluirá

a) A cobertura

b) Procurar informações disponíveis

c) Registo dos dados e

d) Inquérito-piloto

Cobertura: São determinadas as áreas a cobrir e os tipos de objectos a observar. Se a população de interesse for infinita, pode ser utilizada uma amostra. Se for finita, o investigador decidirá se deve utilizar ainda uma amostra ou toda a população. É claro que há vantagens óbvias em utilizar uma amostra. Por exemplo, o custo da recolha de dados é reduzido e o tempo despendido também é reduzido. É garantida uma maior exatidão dos dados. Uma vez que estão envolvidas poucas observações, os resultados de amostras bem planeadas são tão úteis e informativos como os de toda a população.

Pesquisa de informações disponíveis: Esta informação pode existir sob a forma de relatórios escritos, publicados ou não publicados. Permite ao investigador saber o que está disponível e o que falta fazer. Ajuda-o também a aprender com os erros ou limitações do investigador anterior em estudos semelhantes.

Registo dos dados: Nesta fase, o investigador terá de decidir a forma como os dados devem ser registados, ou seja, se vai utilizar o tipo de questionário ou o tipo de observação direta.

Um questionário é composto por perguntas e respostas. É normalmente utilizado quando se estuda o ser humano e as suas actividades sociais. As perguntas e as respostas podem ser escritas ou orais. Quando as respostas são dadas oralmente, estas respostas, que constituem os dados, devem necessariamente ser registadas pelo entrevistador, por vezes designado por enumerador As perguntas escritas podem ser enviadas por correio ou acompanhadas pelo entrevistador. Ambos os métodos têm os seus méritos e deméritos. Os méritos do questionário enviado por correio são os seguintes

i) O inquirido pode ter tempo para preencher os questionários sem ser incomodado indevidamente pelo entrevistador.
ii) É mais provável que coopere em questões de carácter confidencial.
iii) É menos dispendioso.

Por outro lado, o questionário enviado por correio tem as suas desvantagens. Algumas delas são:

i) A percentagem de não resposta pode ser muito elevada
ii) As perguntas podem perder-se.

No caso de utilizar o entrevistador para recolher dados diretamente, são garantidos maiores retornos, especialmente se o enumerador for do tipo persuasivo.

O entrevistador tem a possibilidade de explicar as questões difíceis. Por outro lado, a observação direta é muito dispendiosa e requer mais tempo para ser realizada. Na observação direta, o investigador observa diretamente toda a população ou parte dela. Esta técnica é geralmente utilizada em experiências nos domínios das ciências, da agricultura, da medicina, etc. Vale a pena mencionar aqui que existem desvantagens óbvias na observação de toda a população:

i) É necessário mais tempo
ii) Também é necessário mais dinheiro.
iii) Um grande número de entrevistadores e de inquiridos está envolvido, o que resulta num aumento do problema da definição e da interpretação do conceito.

iv) A incompletude pode resultar da falta de interesse de alguns elementos da população.

v) Algumas zonas remotas podem não ser acessíveis.

Inquérito-piloto: Em alguns casos, o investigador pode descobrir que a informação disponível é tão escassa que embarcar no estudo pode resultar num desperdício de dinheiro e de esforços sem necessariamente atingir os objectivos. Torna-se então desejável efetuar um estudo preliminar antes do estudo principal. Este tipo de estudo é designado por **inquérito ou estudo-piloto** e é normalmente efectuado a uma escala muito mais pequena do que a do estudo principal.
Um estudo-piloto tem os seguintes objectivos.

1) Ajuda ajuda a estimar o custo do inquérito principal.
2) Ajuda ajuda a provar e a estabelecer os procedimentos a utilizar no estudo principal.
3) Ajuda ajuda a descobrir as dificuldades e as insuficiências dos questionários.
4) Pode pode conduzir a novas ideias não incluídas originalmente na formulação do problema.
5) É pode ajudar a descobrir o tipo de variação existente entre as unidades dapopulação de interesse.

A variação pode permitir ao investigador determinar o tipo de método de amostragem e a dimensão da amostra a utilizar. Se testarmos previamente o nosso questionário, com alguns inquiridos, é provável que quaisquer obscuridades e dificuldades insuspeitas nas perguntas sejam descobertas e rectificadas.

Conceção do estudo: Após o planeamento e, eventualmente, um inquérito-piloto, são efectuados os seguintes retoques finais:

a) Obtém-se a dimensão da experiência ou da amostra; se for utilizada a amostragem, trata-se do número de observações a efetuar.

b) São determinados os procedimentos de amostragem e experimentais a utilizar. Mais adiante serão discutidas algumas técnicas de amostragem.

c) Se necessário, é elaborado um questionário.

Posteriormente, será fornecido um modelo de questionário.

d) Os gravadores ou entrevistadores são formados.

Os procedimentos experimentais incluirão a decisão sobre:

i) O número e o tipo de variável a ser observada.

ii) Como os tratamentos, se houver, devem ser distribuídos ou atribuídos a unidades de observação.

iii) O tipo de unidade de observação a utilizar.

As unidades de observação são entidades físicas identificáveis nas quais uma ou mais variáveis são medidas.

Exemplo: No estudo das alturas e pesos de crianças em idade escolar, as próprias crianças são as unidades de observação, enquanto as suas alturas e pesos são as variáveis de interesse. Para minimizar os enviesamentos e os erros nas conclusões retiradas da experiência, os tratamentos são atribuídos às unidades de observação de forma a que os objectos beneficiem igualmente do tratamento. Existem muitos exemplos deste procedimento, por exemplo, na agricultura, quando se comparam duas ou mais culturas ou fertilizantes; na medicina, quando se compara o efeito de dois ou mais medicamentos. No primeiro caso, as parcelas de terreno são as unidades de observação, enquanto as culturas e os fertilizantes são os tratamentos.

Do mesmo modo, neste último, os doentes são as unidades de observação, enquanto os medicamentos constituem o tratamento.

7.6 CONCEPÇÃO DE UM BOM QUESTIONÁRIO

Os termos seguintes são normalmente utilizados no questionário: um **inquirido** é a pessoa que responde às perguntas de um questionário. Pode ajudar a promover a recolha de dados, cooperando com o entrevistador, ou pode estragar o plano do investigador através das suas respostas distorcidas, da sua não resposta, do seu entusiasmo desnecessário em dar respostas que agradem ao entrevistador.

Uma unidade de observação, que pode ser definida como uma entidade física identificável sobre a qual podem ser efectuadas observações como medições ou atributos, é designada por **unidade de enumeração.** Uma ou mais variáveis podem ser observadas numa unidade. Por exemplo, no inquérito sobre o dinheiro de bolso, os alunos serão o inquirido, sendo também a unidade sobre a qual se podem observar atributos como a quantidade de dinheiro de bolso, a sua idade, etc.

No entanto, num estudo para descobrir a marca de leite infantil mais popular entre os bebés de uma determinada faixa etária, cada bebé é a unidade de observação. Mas o inquirido deve ser necessariamente outra pessoa, como o pai ou o tutor, uma vez que o bebé não pode responder sozinho às perguntas. Uma vez selecionados os temas a incluir no inquérito, é necessário formular perguntas que abranjam cada tema. O número, a ordem e o tipo de perguntas constituem os principais elementos da conceção de um questionário.

Seguem-se as diretrizes para a elaboração de um bom questionário:

i) **Número de perguntas:** O número de perguntas depende do número de tópicos ou variáveis que estão a ser estudados. O ideal é que sejam tão poucas quanto possível. Demasiadas perguntas, que resultam num questionário longo e volumoso, podem desencorajar o inquirido a dar o tipo de cooperação que poderia ter dado com menos perguntas. A repetição de perguntas deve ser evitada.

ii) **Organização e ordem das perguntas:** Uma sequência de perguntas bem organizada e ordenada, mostrando um fluxo de pensamento lógico e contínuo, pode ser muito útil para o inquirido.

iii) **Simplicidade e clareza:** As perguntas simples, claras e não ambíguas têm mais probabilidades de obter respostas mais significativas do que as perguntas complicadas e ambíguas. Por exemplo, num estudo em que um dos tópicos de interesse é o estado civil do inquirido, perguntas como "Casado ou solteiro" não são claras ou são ambíguas. Os divorciados e os viúvos são deixados de fora. Uma alternativa pode ser: é solteiro(a), casado(a), viúvo(a), divorciado(a) ou separado(a)? Quando as perguntas difíceis ou ambíguas são inevitáveis, devem ser dadas notas explicativas para que todos os inquiridos interpretem as perguntas da mesma forma. Por exemplo, num estudo que envolva famílias, o termo "família" deve ser definido. É constituída por um homem, a sua mulher e os seus filhos ou inclui empregadas domésticas e empregados de limpeza, etc.?

iv) **Perguntas abertas e fechadas:** As perguntas que conduzem a respostas definitivas são preferíveis àquelas que dão lugar a muitas respostas possíveis que não podem ser classificadas facilmente. O primeiro tipo diz-se fechado, enquanto o segundo é aberto. Uma pergunta formulada de forma a exigir apenas "sim", "não" ou "não sei" é um exemplo de pergunta fechada.

v) **Outros pontos:**

a) As perguntas de orientação devem ser desencorajadas. Estas perguntas conduzem às respostas desejadas pelo próprio investigador e, por conseguinte, introduzem preconceitos nos dados. Estas perguntas destinam-se a advogados em tribunal.

b) As perguntas provocadoras devem ser evitadas sempre que possível. Trata-se de perguntas de carácter pessoal e confidencial que invadem a privacidade do potencial inquirido, a menos que sejam absolutamente necessárias. (Igwenagu Opcit)

REFERÊNCIAS

1. Guia de estilo de referência APA http://www.waikato.ac.nz/library/study/referencing/styles/apa.Accessed 23 de fevereiro, 2015

2. Estilo de citação APA https://www.library.cornell.edu/research/citation/apa. Acedido em 23 de fevereiro de 2015.

3 Saul McLeod (2014) Métodos de amostragem http://www.simplypsychology.org/sampling.html Acesso em 25 de fevereiro de 2015

4 Técnicas de amostragem. http://www.rgs.org/OurWork/Schools/Fieldwork+and+local+learning/Fieldwork+techniques/Sampling+techniques.htm

5. Amostragem aleatória simples e outros métodos de amostragem. Conceitos e raciocínios estatísticos https://onlinecourses.science.psu.edu/statlOO/node/18

6. James Lani.(2013) Dissertation workshop, http://www.statisticssolutions.com Acedido a 3rd março,2014.

7. Metodologia de investigação: uma introdução Google Accessed

8. Howell, K. E. (2013) Introduction to the Philosophy of Methodology. Londres: Sage Publications

9. Irny, S.I. e Rose, A.A. (2005) "Designing a Strategic Information Systems Planning Methodology for Malaysian Institutes of Higher Learning (isp- ipta)", Issues in Information System, Volume VI, No. 1, 2005.

10. Katsicas, Sokratis K. (2009,). "Capítulo 35". Em Vacca, John. *Computer and Information Security Handbook*. Publicações Morgan Kaufmann. Elsevier Inc. p. 605. ISBN 978-0-12374354-1.

11. Lodico, Marguerite G.; Spaulding, Dean T.; Voegtle, Katherine H. (2010). *Métodos de Investigação Educacional: From Theory to Practice*. Wiley. ISBN 978-0-470-58869-7.

12. Igwenagu C.M (2006). Recolha de dados. Estatística Básica e Probabilidade 147-160. Primeira edição. Prince Press and Communications ISBN 978 052 761 34

13. Igwenagu C.M (2006). Estimativa estatística. Estatística Básica e Probabilidade 131. Primeira edição. Prince Press and Communications ISBN 978 052 761 34

14. Igbokwe Philomemna (2009) Introdução à Investigação e Metodologia da Investigação. Metodologia de investigação e redação de subvenções pgl-10 publicado por Rex Charles & Patrick Ltd. Estado de Anambra, Nigéria ISBN:978-978-49233-0-9

MIX
Papier aus verantwortungsvollen Quellen
Paper from responsible sources
FSC® C105338

Printed by Books on Demand GmbH, Norderstedt / Germany